FSC
www.fsc.org
MIX
Papier aus ver-
antwortungsvollen
Quellen
Paper from
responsible sources
FSC® C105338

KARIN BROSE

EIN DICHTER FINDET WORTE

MIT LYRIK LEBEN

KARIN BROSE, AUTORIN UND MALERIN IN HAMBURG

EMOTIONEN UND GEDANKEN DES ALLTAGS WERDEN ZU GEDICHTEN.
ICH LADE DICH EIN, MICH AUF EINE KLEINE LYRISCHE REISE ZU
BEGLEITEN.

IMPRESSUM

COPYRIGHT: © 2020 KARIN BROSE
DIESES BUCH IST URHEBERRECHTLICH GESCHÜTZT. ALLE RECHTE VORBEHALTEN. DIE VERWENDUNG DES TEXTES, AUCH AUSZUGSWEISE, IST OHNE SCHRIFTLICHE ZUSTIMMUNG URHEBERRECHTSWIDRIG UND STRAFBAR. DIES GILT INSBESONDERE FÜR JEDE UNGENEHMIGTE VERVIELFÄLTIGUNG, ÜBERSETZUNG ODER VERWENDUNG IN ELEKTRONISCHEN SYSTEMEN. DER INHALT DIESES BUCHES IST FREI NACHEMPFUNDEN. ER BASIERT AUF ALLGEMEIN BEKANNTEN FAKTEN UND PERSÖNLICHEN ERFAHRUNGEN VON MENSCHEN, DIE ZU DER BEHANDELTEN ZEIT GELEBT HABEN. SOLLTEN ÄHNLICHKEITEN ODER ÜBEREINSTIMMUNGEN MIT REALEN PERSONEN VORKOMMEN, SIND DIESE REIN ZUFÄLLIG UND NICHT BEABSICHTIGT. DIE AUTORIN ÜBERNIMMT NICHT DIE HAFTUNG FÜR SCHÄDEN, DIE DURCH NUTZUNG DIESES BUCHES ENTSTEHEN.

PRODUKTION KARIN BROSE, HAMBURG 2020

FOTOGRAFIEN/BILDER KARIN BROSE

HERSTELLUNG UND VERLAG:

BOD – BOOKS ON DEMAND, NORDERSTEDT

ISBN 9783750434769

Inhalt

Das Leben 9 — 132

DAS LEBEN

10

ZU GAST

ZU GAST IN DIESER WELT
WO JEDER SEINEN PLATZ ERSTREITET.
WAS HIER ZÄHLT,
DASS DU DEIN SEIN ERWEITERST.
ES GEHT NICHT ALLEIN UMS GELD.
NICHT „HABEN" IST HIER „SEIN",
KANNST AN WISSEN DICH HIER LABEN,
DIE ENTSCHEIDUNG, SIE IST DEIN.
KEHR'S UM, DENN SEIN IST HABEN.
WAS DIE WELT FÜR DICH BEWIRKEN KANN,
IST HIER NICHT DIE FRAGE
WAS ER FÜR ANDERE TUN KANN
ERKENNT DER GAST DIE LAGE.
WENN DU DAS VERSTANDEN HAST,
NICHT NUR DURCH DEIN LEBEN RAST,
NICHT GLAUBST, DASS ES GENÜGE,
EINZUHALTEN DIE MORAL,
ZU ERKENNEN DAS GEFÜGE,
SICH ANZUPASSEN ÜBERALL;
DANN ES ZU VERSTEHEN GILT,
WIE ES WIRD KOMPLETT, DAS BILD.
MAN NUR GANZ VERSCHWOMMEN AHNT,
WAS IM GROSSEN IST GEPLANT.
DIE FRAGE NACH „WARUM?"
SCHEINT SCHLICHTWEG DUMM.

YOU FLY THE PLANE!

HAT EIN PROBLEM SICH IN DEN WEG GESTELLT,
SOLLTEST DU'S GENAU BESEHEN
BEVOR EIN ANDERES SICH HINZU GESELLT
UND BEIDE EIGENE WEGE GEHEN.
DU BIST DER MEISTER DEINES LEBENS
DU SAGST, WOHIN ES GEHT.
DER SINN ALL DEINES STREBENS
SICH EINZIG DARUM DREHT.

ALLES QUATSCH!

WIEDER EIN JAHR
FÜHLST DU ES?
GRAUER DEIN HAAR
SIEHST DU ES?
LANGSAMER DEIN GANG
SPÜRST DU ES?
ALLES QUATSCH!
BIST GESUND,
GENIESS DEIN LEBEN,
GENIESS DEN SCHWUNG!

WAS KANN ES SCHÖNERES GEBEN?

POLITIK

NICHT HANDELN
DIE FARBE WECHSELN
SICH WANDELN
WORTHÜLSEN DRECHSELN
VON GRÜN BIS ROT
SO GEHT ES ALLEN,
BIS SIE FALLEN.
LÜGEN
VORTEILE SUCHEN
BETRÜGEN
OPPORTUNISMUS BUCHEN.
COURAGE UND MUT
KAUM MEHR ZU FINDEN.
SEI AUF DER HUT,
WENN WERTE SCHWINDEN

WOHIN IST DIE ZEIT?

ES IST DEIN LEBEN,
DAS DA RENNT,
ALS WOLLTE ES ALLES GEBEN,
ALS OB ES IRGENDWO SCHON BRENNT!
TAGE UND STUNDEN ÜBERSCHLAGEN SICH.
SCHON WIEDER IST FREITAG!
ES BEÄNGSTIGT DICH,

SAG,

WOVOR HAST DU ANGST?

DASS DU DEIN LEBEN VERPASST?

DU BANGST

,DASS DU WICHTIGES VERGESSEN HAST?

WILLST NOCH SO VIEL SCHAFFEN!

ANDERE SCHAU'N „ROTE ROSEN" —

GAFFEN IN DIE RÖHRE UND ERSCHLAFFEN

ERLEBEN, WIE SCHAUSPIELER NUR POSEN.

DABEI SIND DOCH DU UND ICH

DIE BESETZUNG IN UNSEREN LEBEN.

SOLLTEN WIR NICHT SCHON AN SICH

AGIEREN, ALLES GEBEN?

KEINE ZEIT ZU VERLIEREN,

AUCH SEKUNDEN NUTZEN,

MINUTEN VORBEI DEFILIEREN,

WÄHREND WIR FENSTER PUTZEN.

VERSCHLAF NICHT DEIN LEBEN,

VERSCHWENDE ES NICHT

VIELLEICHT WIRD DIR KEIN ZWEITES GEGEBEN,

WIE VIELE SCHATTEN HAST DU?

DU BIST NICHT ALLEIN,
SIEHT ES FÜR DICH AUCH SO AUS.
DA WERDEN ANDERE SEIN.
SCHAU HINAUS!
ANDERE, DIE DICH BEGLEITEN,
DIE ZU DIR STEHN,
DIR FREUDE BEREITEN,
MIT DIR DURCHS LEBEN GEHEN.
NIMMST SIE KAUM WAHR,
WIE SCHATTEN FOLGEN SIE DIR.
MAL NAHE, MAL FERN, SOGAR
JETZT — HIER.
WIE VIELE SCHATTEN HAST DU?
DU KANNST NICHT VON ALLEN WISSEN,
UND DOCH SCHAUN SIE DIR ZU
FÜRSORGLICH BEFLISSEN,
FOLGEN SIE DIR AUF DEN TRITT,
VOR ODER NEBEN DIR,
IMMER IM GLEICHEN SCHRITT.

WAS VOM LEBEN ÜBRIG BLEIBT

WAS WIRD MIR DIE ZUKUNFT BRINGEN
QUÄLENDE LAGE
NEUGIERIGE FRAGE
KANN MICH NICHT ZWINGEN
MUSS SIE ERWARTEN
GEDULD HABEN
MICH AN FREIZEIT LABEN
HAB GUTE KARTEN.

MIT MUT UND ZUVERSICHT
SCHAU ICH NACH VORNE SACHT
VERTRAU AUF DIE HÖHERE MACHT
VERZAGE NICHT.

BEOBACHTE SCHARF
BIN SUPER GENAU
UND SCHAU,
WAS MEIN KÖRPER DARF.

SCHÄRFE DEN GEIST
WILL NICHT VERTROTTELN
NICHT DARAN ZOTTELN,
OB ICH WAS WEISS.

ER LAUERT IM HINTERGRUND,
GRINST SO MANCHEN TAG,
WIE ICH ES NICHT ERTRAG,
DER HÖLLENHUND.

ER KRIEGT MICH NICHT,
BEHALTE MEIN SCHÖNES GESICHT

BLEIBE BEWEGLICH
SELBSTVERSTÄNDLICH
WAS VOM LEBEN ÜBRIG BLEIBT
IST NUR EIN HAUCH VON EWIGKEIT
WAS UNS TREIBT,
STETS BEREIT
ZU NEUEN TATEN,
IST NUN STILL.
SCHLECHT BERATEN
WER ES TROTZDEM WILL.

VERLOREN DIE ZUKUNFT,
VERGESSEN WAS KRAFT.
VERNEBELT DIE VERNUNFT,
VERGEBEN, WAS ZWIETRACHT SCHAFFT.
VERMESSEN ZU GLAUBEN,
MAN KÖNNTE DEM SCHICKSAL
NOCH ENDLOSE STUNDEN RAUBEN.

LEBEN BIS ZUM SCHLUSS,
NOCH EINE LETZTE ZIGARETTE,
NOCH EINEN LIEBEVOLLEN KUSS,
UND WAS MAN SONST NOCH GERNE HÄTTE.
WAS VOM LEBEN ÜBRIG BLEIBT
IST DIE EWIGKEIT
IM ANGEDENKEN UNSERER LIEBEN.

Blick über den Tellerrand

Wieder geht ein Jahr zu Ende
War es gut zu dir?
Brachte es die Wende?
Oder fehlt dir hier
der Sinn in deinem Leben?

Fühlst dich nicht wohl,
was macht dich hohl?
Zu wenig von allem?
Zu viel von nichts?
Vor allem
nichts von Gewicht?

Schau in Kinderaugen,
spüre ihr Entzücken,
was soll Verschwendung taugen,
kannst du sie beglücken?
Kleine Hand sich in deine schiebt,
möchte nur, dass man sie liebt.

Was kommt?

Das Jahr geht zu Ende.
Was wird das Neue bringen?
Vielleicht die Wende
hin zu ganz anderen Dingen?
Was könnte besser sein?
Wonach sehnst du dich?
Nach schönem Schein
oder Realität an sich?
Entscheidung fordert dein Leben,
musst dich überwinden,
dich auf neue Wege begeben.
den Absprung finden.
Trau dich, pack es an!
Du bist nicht allein.
Dann und wann
gedenke mein.
Brich auf in den Rest deines Lebens
starte deine Zukunft,
aktiv und voll des Gebens,
begleitet von Vernunft.
Nichts bleibt wie es ist.
Es geht dir gut,
so glücklich wie Du bist,
so voller Lebensmut.

Was bleibt

Unsere gemeinsame Zeit ist nun zu Ende
Sechs Jahre sind plötzlich dahin.
Vor uns liegt die Wende
zu einem neuen Abschnitt hin.

Wiegten wir uns noch gestern in dem Gefühl
nichts könnt' uns stören,
weht nun recht kühl
der Wind durch die Föhren.

Nichts ist mehr wie es war.
Neues, Ungewisses steht bevor.
Keine Sorge! Schon nächstes Jahr
öffnet sich ein neues Tor.

Trau dich, hab Mut!
Geh hinaus in dein Leben.
Der Aufbruch tut dir gut.
Nach Erfolg kannst du streben.

Hast viel gelernt, einiges erfahren.
Manches wirst du brauchen können.
Umschiffe möglichst die Gefahren,
Sei neugierig und bleib im Rennen.
Gern denk ich an euch zurück,
erinnere mich an dich.

Dabei habe ich im Blick,
wer du warst für mich.

Ich habe viel von euch gelernt.
Ja, auch so herum ist's wahr!
1260 Tage - sechs lange Jahr
ich hab es nicht verlernt!

Wir hatten viel Spass,
Stress nur selten,
wir machten uns vor Lachen nass,
kaum musste ich euch schelten.

Die Leine war lang,
aber jeder kannte sie.
So wart ihr ohne Zwang,
doch neben der Spur fast nie.

Nach jeden Ferien grösser geworden,
aus Kindern wurden Männer und Frauen
Jeder von euch kann sich trauen,
nach Süden, Osten, Westen, Norden.

Wenn Lust oder auch Frust
euch eines Tages online treibt,
ich bin mir bewusst,
dass ihr meine „Kinder" bleibt.
Wenn ihr mich braucht,
ich helfen kann,

WENN EUCH DER KOPF RAUCHT,
DANN UND WANN,

ICH BIN DA, AUCH FÜR DICH.
SCHEU DICH NICHT, MIR ZU SCHREIBEN.
VERGISS EINFACH NICHT,
ONLINE KANN MAN ZUSAMMEN BLEIBEN.
(LEHRERIN AN IHRE KLASSE)

WANN, WENN NICHT JETZT?

WANN, WENN NICHT HEUT
PACKST DU ES AN?
HAST SCHON BEREUT,
DASS DANN UND WANN,
DU HAST GEZAUDERT,
DICH HAST GEDRÜCKT,
DASS ES DICH SCHAUDERT,
WEIL DU DICH GEBÜCKT?
WANN, WENN NICHT JETZT,
WILLST DU NACH VORNE SCHAUEN?
BIST DU VERNETZT,
KANNST AUF DIE ZUKUNFT BAUEN?
TRAU DIR WAS ZU,
GLAUBE AN DICH!
GENAU DU
STEHST JETZT IM LICHT.
DEINE ZEIT IST GEKOMMEN,
DU BIST NUN DRAN,

HAST DICH FREI GESCHWOMMEN
GLAUB FEST DARAN.
VERTRAU AUF DEIN KÖNNEN,
GLAUB AN DEIN GLÜCK
DU MACHST DAS RENNEN,
KEIN BLICK ZURÜCK!

VIEL SCHAUM UM NICHTS

MAN GLAUBT ES KAUM,
STREIT HÄNGT IN DER LUFT.
AUS DER TRAUM,
FREUNDSCHAFT VERPUFFT
URSACHE UNBEKANNT.
WAS WAR ES BLOSS?
GEFAHR ZU SPÄT ERKANNT,
IST WENIG TROST!
IMMER FREUNDINNEN GEWESEN,
AUF SCHLAG VORBEI.
WIRD NICHT MEHR GENESEN,
ZU VIEL ENTTÄUSCHUNG FÜR DIE ZWEI.
WAS HAT SIE GERITTEN?
WAS WAR DER GRUND?
NUR NOCH GESTRITTEN.
OHNE BEFUND.
TYPISCH FÜR FRAU'N?
SOVIEL SCHAUM,
UM NICHTS.

VICTIMS OF QUALITY

IMMER AUF DER SUCHE
NACH DEM OPTIMUM,
NACH NEM GUTEN TUCHE
KÜMMERST SELBST DICH DRUM.
DIE BESTEN SCHUHE,
WO GIBT ES SIE,
ES LÄSST DIR KEINE RUHE,
SIE ENTKOMMEN NIE.

CASHMERE MUSS DER STOFF SEIN,
WENN EIN JACKETT BESTEHEN SOLL,
WEICH UND SUPERFEIN,
AUCH DIE KNÖPFE TOLL.
NUR QUALITÄT ZÄHLT,
EINE EINBAHNSTRASSE,
AUCH WENN DER PREIS DICH QUÄLT.
BIST WIE ICH,
HAST SPASS AN SCHÖNEN SACHEN.
UNS IST WICHTIG,
WORÜBER ANDERE LACHEN.
GENUSS UND FEINSINN SIND UNS EIGEN
DIE ANDEREN EGAL.
KÖNNEN UNS IMMER ZEIGEN,
PERFEKT GESTYLT, AUF JEDEN FALL.

Verreisen

Reisen in andere Länder
zertrennen die Bänder
mit der Heimat
nicht mehr.
Überall erreichbar,
fern und nah
im Internet sein,
holt die Ferne ein.
Neugier auf die Fremde
Spannung, wie wird es sein?
Gibst du dein letztes Hemde,
und stürzt dich hinein?
Pauschalurlaub, all in—
mehr ist meist nicht drin.
Wer es exclusiver will,
zahlt dafür ne Extra-Bill.
Egal wohin,
egal wie teuer,
jeder möchte mal wohin.
Danach ist er auch kein Neuer.
Die Erholung hält drei Tage,
dann fragt man sich,
wohin man sich als nächstes wage,
denn ohne Urlaub geht es nicht.

TODESANGST 20.09.2013

NUR
EINE KANUTOUR
LUSTIG
ES SCHAUKELT
KEIN BISSCHEN FRUSTIG
GLÜCK VORGEGAUKELT

WIE AN DER SCHNUR
SCHÖNSTE NATUR
ZU BEIDEN SEITEN
HÄNGEN WEIDENÄSTE IM FLUSS

LIBELLEN SEGELN ÜBERS WASSER
HIER UND DA EINE FORELLE SPRINGT
SONNENSCHEIN, GANZ BLASSER
EINE AMSEL SINGT

WIR ZWEI IM BOOT
GENIESSEN UNSER LEBEN
HABEN KEINE NOT
KANN ES SCHÖNERES GEBEN?
PLÖTZLICH EINE STROMSCHNELLE
ES GIBT KEIN ENTWEICHEN
WELLE KREUZT WELLE
DAS WASSER SCHÄUMT

ACHTUNG —
EIN FELS SCHAUT HERAUS
DAS BOOT SCHRAPPT DAGEGEN
LÄSST SICH NICHT BEWEGEN!
KIPPT NACH LINKS, UNTEN NACH OBEN
DIE WASSER TOBEN
WIR STÜRZEN IN DIE GISCHT
ES HAT UNS ERWISCHT!
ICH GERATE UNTER DAS BOOT
SCHWIMME UND SCHWIMME
KANN NICHT HERAUS!
PANIK ERFASST MICH
GEDANKEN JAGEN
ICH WERDE HIER STERBEN!
DU TAUCHST
IMMER WIEDER
REISST MICH UNTER DEM BOOT HERVOR
ICH KNIE NIEDER
ES BRAUST MIR IM OHR
HAST MIR MEIN LEBEN GERETTET!
KLATSCHNASS STEH ICH DA
BEGREIFE, DAS WAR KNAPP
WAS DENK ICH ÜBERS JAHR?

TANZTHERAPIE

MUSIK, SO LAUT ES GEHT,

ICH MUSS TANZEN!

WOHIN ES MICH AUCH DREHT,

EINZELNE SCHRITTE, IM GANZEN,

BIN TIEF BERÜHRT,

VENTILE ÖFFNEN SICH.

WOHIN ES MICH AUCH FÜHRT,

ICH TANZE FÜR MICH.

SCHWERE KLÄNGE, TRAGENDE GESÄNGE,

MIR LAUFEN DIE TRÄNEN

ALS OB NUN ERKLÄNGE,

WAS SEIT TAGEN ZU ERWÄHNEN,

ICH MIR VERSAGE,

WAS MICH BEDRÜCKT,

ICH MIT MIR TRAGE,

BIN WEIT ENTRÜCKT.

TANZ MIR DIE SEELE AUS DEM LEIB.

ES LÖSEN SICH ÄNGSTE UND SORGEN.

ALLES, WAS MICH TREIBT,

HAT KEIN MORGEN.

MIT MEINEN TRÄNEN AUSGESCHWEMMT,

AUFGELÖST IN LUFT,

TANZE UND WEINE ICH UNGEHEMMT

BIS DER TAG MICH RUFT.

TANZSTUNDE

ZWEI VERSUCHEN DAS ZUSAMMEN,
WAS SCHON EINER NICHT GUT KANN.
DER LEHRER LOBET, DIE DA KAMEN,
EIN PROFI, DIESER MANN.
DANN GEHT ES LOS,
IM GLEICHSCHRITT VOR,
WIE GEHT DAS BLOSS?
GEH WIE EIN TOR.
LINKS, RECHTS, TIPP,
DASSELBE AUCH ZURÜCK.
DEN TIPP NICHT BELASTEN!
GLEICH HAST DU'S IM KASTEN.
ZEIG DER DAME, WO ES LANG GEHT,
KOMMT DRAUF AN, WER BESSER STEHT.
DU BIST FERTIG NACH IHR,
SO GEHT DAS HIER.
SCHWITZENDE GESICHTER,
DIE BLICKE AUF DEN FÜSSEN,
AUFBLITZENDE LICHTER,
EIFER LÄSST GRÜSSEN.
BITTE MIT DEM ANDEREN LINKEN!
AUTSCH, DAS TAT WEH.
MANCHE DAMEN HINKEN,
BLAU IST NUN DER ZEH.
OB ES IHN EIN WENIG STÖRT,
DASS DEN TAKT SIE GAR NICHT HÖRT?

IMMER KNAPP DANEBEN
ÜBER DAS PARKETT SIE SCHWEBEN.
EIN UND EINE HALBE STUNDEN
DREH'N SIE FLEISSIG IHRE RUNDEN.
ERSCHÖPFT UND GLÜCKLICH ZIEHT MAN HEIM.
WIE WIRD DIE NÄCHSTE SESSION SEIN?

ANGST

SIE IST PHANTASIE-GESTALTER,
EMOTIONS — VERWALTER.
WIE EIN KLEBRIG NETZ
LEGT SIE SICH ÜBER DICH
HIER UND JETZT
VERBREITET SICH.
DEN ATEM NIMMT SIE DIR,
DIE KLARE SICHT
AUF ALLES SCHIER,
OHNE BLICK AUF DICH.
LÄSST DICH ALLEIN
MIT DEINEN GEDANKEN.
WAS WIRD SEIN?
HOFFNUNG KOMMT INS WANKEN.
ZWEIFLE NIE!
DASS DU BANGST,
NUR DIESEN EINEN ZWECK HAT SIE
— DIE ANGST.

Spaziergang im Regen

Zwei unter einem Schirm im Regen
eng aneinandergerückt
schaun einander völlig verzückt
in die Augen.

Sind sich nah, man kann es sehen
gelber Stoff lässt sie erstrahlen,
wie sie dort gemeinsam gehen,
das Wetter ist egal.

Um sie herum strömt Regen,
bildet Pfützen auf den Wegen.
Von den Bäumen tropft das Wasser,
alles wird noch nasser.

Wenn dieser eine Schirm nicht mehr genug,
dann wär es klug,
dass sie überdenken,
ob sie sich die Beziehung schenken.

STREITKULTUR

ICH HAB RECHT
DU HAST RECHT
GLAUBE MIR
SOWAS IST SCHLECHT
STEHE HIER
UND STREIT MIT DIR.
WORUM GEHT ES?
DENKST DU?
DAS EIN TEST,
DER ZEIGT IM NU,
ICH WEISS ES BESSER?
KÄMPFE BIS AUFS MESSER.
SCHULDZUWEISUNG
VERBALENTGLEISUNG
IMMER MACHST DU..
DAUERND WILLST DU..
DU WIRST LAUT,
DEIN SCHIMPFEN UNS DEN TON VERSAUT.
HAST RECHT,
BLA, BLA,
IST MIR EGAL
ICH FÜHL MICH SCHLECHT
UND JA,
STREIT MIT DIR, NICHT MEINE WAHL.
ICH WEISS, WAS ICH WEISS,
RED MIR DEN KOPF NICHT HEISS.

IST MIR ZU BLÖD,

BEGRÜNDEN ÖD,

LÄNGST GEHT ES NICHT MEHR UM DIE SACHE,

ES IST SO DÄMLICH, DASS ICH LACHE.

SONNTAG – FRAU ÜBER 40.

ES IST HALB ACHT.

GESTERN ABEND WAR ES SPÄT.

UND SO GEHT'S

JETZT NUR GANZ SACHT.

WÄLZ' MICH AUS DEM BETT.

ALLE SEHNEN

LANGSAM DEHNEN

UND ES WÄRE NETT,

WENN ERSTE SCHRITTE

SCHMERZFREI WÄREN.

DABEI WIRD' SICH SPÄTER KLÄREN,

OB ICH AUS DEM TRITTE.

NACH DEM ERSTEN ZAGEN

– SOLL ICH'S WAGEN?

ICH HUSCHE

UNTER MEINE DUSCHE.

DANN DEN KÖRPER EINGECREMT,

GENAUSO DAS GESICHT,

DAS SICH SEHNT

NACH FARBE VON GEWICHT.

MAKE-UP AUFGELEGT,

WIMPERNTUSCHE AUFGETRAGEN,

GAR NICHT AUFGEREGT

WERDE ICH MICH PLAGEN.

WÄHREND BRÖTCHEN IM OFEN,

DER KAFFEE BLUBBERT,

BEGINNE ICH ZU SCHWOFEN,

STARTE DIE MORGENGYMNASTIK.

MUSIK BESTIMMT DEN RHYTHMUS,

DEHNEN, STRECKEN, ALLES MUSS

GEWECKT WERDEN

UM OHNE BESCHWERDEN

DEN TAG ZU BEGINNEN.

15 MINUTEN,

ICH MUSS MICH SPUTEN.

HÖR' DICH SCHON RUFEN!

„ICH BIN WACH!"

ACH!

JETZT SCHNELL DEN TISCH GEDECKT,

OB DIR DER NEUE KÄSE SCHMECKT?

ICH HÖR DEINE SCHRITTE,

KOMMST DIE TREPPE HERAB.

ICH HAB

EINE BITTE:

KOMM ZU MIR,

DAMIT ICH DICH KÜSSEN KANN,

DAMIT ICH DIR DANN

JETZT UND HIER

SAGEN KANN:

„ICH LIEB DICH, MANN!"

UND DAS JEDEN SONNTAG AUFS NEU,

— FÜR IMMER.

SOLLTE SEIN..

DIE MACHT DER WORTE

NICHT GEWOLLT AN MANCHEM ORTE.

WO NUR EINE STIMME GILT,

DIE EIGENE MEINUNG WENIG ZÄHLT.

FREIHEIT ETWAS ANDERES IST,

WENN DU NICHT DEINE WORTE BIST.

DAS WICHTIGSTE IM LEBEN IST,

DASS DU FREI IM KOPFE BIST,

DASS DU SAGEN DARFST, WAS DICH SO TREIBT,

UND DEIN STATUS TROTZDEM BLEIBT,

DASS DU FREI VON JEDER ANGST

DEINE MEINUNG SAGEN KANNST.

JEDE VORGABE DES DENKENS, WIE DU WEISST,

LÄHMT DEN OFFENEN, FREIEN GEIST.

DEMOKRATIE UND TOLERANZ

NICHT GEWOLLT, SOGAR VERBOTEN

FORDERN DICH HIER VOLL UND GANZ

IM GEDENKEN AN DIE TOTEN.

HAST DU DIE KRAFT

UND AUCH DEN MUT,
DER FREIHEIT SCHAFFT
UND GUTES TUT?

DIE MACHT DER WORTE
NICHT GEWOLLT AN MANCHEM ORTE.
WO NUR EINE STIMME GILT,
DIE EIGENE MEINUNG WENIG ZÄHLT.
FREIHEIT ETWAS ANDERES IST,
WENN DU NICHT DEINE WORTE BIST.
DIE VORGABE DES DENKENS, WIE DU WEISST,
LÄHMT JEDEN OFFENEN, FREIEN GEIST.
DEMOKRATIE UND TOLERANZ
NICHT GEWOLLT, SOGAR VERBOTEN
FORDERN DICH HIER GANZ
IN GEDANKEN AN DIE TOTEN.
HAST DU DIE KRAFT
UND AUCH DEN MUT,
DER FREIHEIT SCHAFFT
UND GUTES TUT?
DAS WICHTIGSTE IM LEBEN IST,
DASS DU FREI IM KOPFE BIST,
DASS DU SAGEN DARFST, WAS DICH SO TREIBT,
UND DEIN STATUS TROTZDEM BLEIBT,
DASS DU FREI VON JEDER ANGST
DEINE MEINUNG SAGEN KANNST.

SO LEER

WEDER GEFÜHL, NOCH EMOTION
NICHTS, DAS MICH BERÜHRT,
LEB ICH NOCH
HAB ICH GESPÜRT
WAS ANDEREN NORMAL?

FÜHL MICH SO LEER
SO OHNE ALLES
ALS OB ICH NIEMAND WÄR.
EIN GEFÜHL, EIN KALTES,
SCHLEICHT SICH EIN,
IST SCHON EIN ALTES.

WAS BRINGT MIR DER TAG?
WAS DAS NÄCHSTE JAHR?
NIEMAND VERMAG
FREUDE ODER GEFAHR
IM VORAUS ZU ERAHNEN
ICH HARRE AUS, WERDE NICHT PLANEN.

ES KOMMEN WIEDER BESSERE ZEITEN
WENN MEINE SEELE FLÜGEL HAT
SICH AUFMACHT IN UNENDLICHE WEITEN
DAS BESCHREIBT EIN NEUES BLATT.

Schönheitsideal

Jung und sportlich
muss jeder heute sein.
Ein Irrsinn schon an sich,
für machen fast gemein.

Schön und schlank,
das ist das Ziel,
lieber krank
als fett, so geht das Spiel.

Wenig essen,
als wär's vermessen,
Nahrung zu geniessen,
und bitte nicht dabei verdriessen!

Wer vor Hunger Watte isst,
Crème Fraîche für Gesichtspflege hält,
mit anderen Ellen misst,
in dieser ganz besonderen Welt.

Wie schön dagegen,
ein rundes schönes Weib,
das — wie verwegen —
hat Lebenslust im Leib.

Schönheit strahlt von innen,

HAT NICHTS ZU TUN MIT PFUNDEN.

VOR HUNGER FAST VON SINNEN

LOB ICH MIR DIE RUNDEN.

ZUFRIEDENHEIT MACHT SCHÖN.

GENUSS GEHÖRT DAZU.

IST SINNLICHKEIT ZU SEH'N,

SIE ÜBERZEUGT IM NU.

SCHÖNHEIT LIEGT IM AUGE DES BETRACHTERS

WAS IST DAS „SCHÖNHEIT"?
WEIT UND BREIT
DER GLAUBE AN BESTIMMTE MASSE,
NICHT DER NORMAL-MENSCH AUF DER STRASSE.
SCHÖNES HAAR,
DICHT UND VOLL,
LEIDER WAHR,
OFT DIE PERSON DAHINTER GAR NICHT TOLL.
WEISSE ZÄHNE, VOLLE LIPPEN,
MAN MÖCHTE TIPPEN,
DAS SEI IDEAL.
DOCH IST DER MUND EHER SCHMAL,
EGAL!
LANGE BEINE, GROSSE AUGEN,
KÖNNTE MAN SICH FEST DRAN SAUGEN.
SCHLANKE TAILLE, RUNDER PO,
EBENSO.
UND DANN SIEHST DU DIESE EINE,
AUS DEINER SICHT
EHER SCHLICHT,
SCHLANK UND NORMAL DIE BEINE,
GANZ OHNE FRUST
NUR EINE KLEINE BRUST.
DU SCHAUST IHR IN DIE AUGEN
UND GLAUBST ES KAUM.

SIE IST DIE FRAU AUS DEINEM TRAUM.
SIE ZIEHT DICH AN,
DAS IST MAGIE,
SO ELOQUENT UND DANN UND WANN
AUCH VOLL ESPRIT.
SIE IST NICHT BARBIE,
DENNOCH ODER GERADE WEIL,
LIEBST DU SIE
UND DEINE WELT IST HEIL.
SIE IST DEINE SCHÖNE.
ZEIG ES IHR, VERWÖHNE!

LEBENSANGST

TÄGLICHE FURCHT VOR DEM UNBEKANNTEN
STÜNDLICHE ANGST VOR DEM UNBENANNTEN,
JEDE MINUTE ANGST VOR DER ANGST.
KANNST DICH NICHT ALLEIN BEFREIEN
VON DER GRAUSAMEN BEDRÄNGNIS
MÖCHTEST SIE DIR VON DER SEELE SCHREIEN
SIE FÜHLT SICH AN, WIE EIN GEFÄNGNIS.
HÄLT DICH WIE MIT EISEN FEST UMKLAMMERT,
NIMMT DIR JEGLICHE BEWEGUNG,
HAST DU DICH ERST ERGEBEN IN GEJAMMER,
GIBST DU KLEIN BEI, GIBST DU WOMÖGLICH AUF,
VERLÄSST DU NIE MEHR DIESE DUNKLE KAMMER,
DIE ISOLATION HEISST UND LEBENSANGST,
DU KOMMST ALLEINE DRAUF,

WEISS GANZ GENAU, WARUM DU BANGST...

SALE

WENN AM DRITTEN JANUAR
SCHON DAS MINUS IST ERREICHT,
HAST DU, OH WIE SONDERBAR,
WOHL WIEDER MAL DEIN HERZ ERWEICHT?
ZUNEIGUNG ZU ALL DEN DINGEN,
DIE DA AN DEN STÄNDERN HINGEN,
HIER EIN SCHNÄPPCHEN,
DA EIN KÄPPCHEN,
AUCH FÜR DIE WOHNUNG GAB ES WAS.
WAR SEHR DRINGEND, ALLES DAS?
„SALE" — MACHT SÜCHTIG,
ABER TÜCHTIG
— PLEITE.

SCHMERZ

ER KÜNDIGT SICH NICHT AN
SCHLÄGT EINFACH LOS
UND DANN,
DIE PEIN IST GROSS,
WAS TUN?
WAS IST RICHTIG?
UND NUN
SIND ALLE PLÄNE NICHTIG.
DEINE AUFMERKSAMKEIT BEANSPRUCHT
ER GANZ FÜR SICH.
HAT SICH DICH AUSGESUCHT,
NICHT MICH.
WAS WILL ER DIR SAGEN?
WAS SOLL ER BEDEUTEN?
SINNLOS ZU FRAGEN,
VIELEN LEUTEN
GESCHIEHT ES AUF DIESE WEISE,
DASS SCHMERZ DAS HASTIGE LEBEN BREMST,
ERST GANZ LEISE,
BIS DU IHN KENNST.
GIB DICH IHM HIN,
ERKENNE IHN AN,
VERSTEH SEINEN SINN
NUR DARAUF KOMMT ES AN.

SCHICKSAL

ANGST IST VERSTÄNDLICH,
DASS SICH WAS ÄNDERT, WOLLEN WIR NICHT,
SCHLUSS ENDLICH
AUS UNSERER SICHT
STEHT GESUNDHEIT UNS ZU
— EINEM JEDEN VON UNS
DOCH IM NU
FÄLLST DU IN DER GUNST
DAS SCHICKSAL REISST POSSEN
DU WIRST KRANK
STEHST DA WIE BEGOSSEN
DOCH DANK
DEINES FROHEN MUTES
STATT ZU JAMMERN
TUST DU DIR GUTES
STATT ZU KLAMMERN
STATT ZITTERN UND ZAGEN
ERBEBST DU VOR WUT
WILLST ES WAGEN
OB GUT ES DIR TUT
DIE KRANKHEIT ZU IGNORIEREN.
DIE BANGE FRAGE „WARUM"?
BLEIBT OFFEN
KANNST NICHT KAPIEREN,
DASS ES DICH GETROFFEN.

DRUM NUTZE DEIN LEBEN,
LEBE DEN TAG
ES WIRD NUR DIESES EINE GEBEN,
SEI SICHER, DASS ES DICH MAG!

SCHICKSAL 2

SCHICKSAL SCHLÄGT GANZ PLÖTZLICH ZU,
HAUT DICH VON DEN FÜSSEN.
DIESMAL BIST ES DU,
HERZINFARKT LÄSST GRÜSSEN.
DU MACHST NUN DIE RECHNUNG AUF,
KONNTEST DU'S VERHINDERN?
PACKST DIE LISTE OBENAUF,
VERANTWORTUNG ZU MINDERN.
GUT GING ES NOCH EINMAL AUS!
ATMEST DURCH UND STARTEST NEU.
DOCH KEHRE GUT VOR DEINEM HAUS,
TRENNE WEIZEN NUN VON SPREU.
WAS IST WICHTIG UND WAS NICHT?
WIE SIEHT DEIN LEBEN AUS?
ERSCHEINT ES JETZT IN ANDEREM LICHT?
WAS MACHST DU DRAUS?
DIE WARNUNG HAST DU WOHL VERSTANDEN,
SIE KOMMT KEIN ZWEITES MAL.
IST EINSICHT NUN VORHANDEN

ODER IST ES DIR EGAL?.

SCHEISSTAG

WENN DIR EIN TAG DANEBEN GEHT,
UND DU AM RANDE DER VERZWEIFLUNG BIST,
WENN ALLES SICH IM KREIS NUR DREHT,
UND GAR NICHTS MEHR IN ORDNUNG IST,
DANN SCHLIESSE DEINE AUGEN.
EIN GESPRÄCH HILFT MEIST,
EIN KLARES, RUHIGES WORT,
DAS DIR VERHEISST,
VERLASSE DIESEN ORT,
UND STARTE NEU.
EIN RICHTUNGSWECHSEL NUR
UND SCHON WIRD ALLES GUT
NEUE IDEEN WIE AN DER SCHNUR
MACHEN WIEDER MUT
VERTRAUE!
EIN TAG,
EBEN NOCH ZUM VERGESSEN,
DER MAG
NUR DU KANNST DAS ERMESSEN,
NUN RICHTIG WICHTIG SEIN.
DRUM LERNE, ES IST NIE ZU SPAT
DIESE ERFAHRUNG JETZT ZU MACHEN,
AUCH WENN DEIN LEBEN AUS DEN FUGEN GEHT
ENTSCHEIDEST DU: WEINEN ODER LACHEN.
OB WIE IMMER ODER ANDERS

Scheissjob!

Dein Job stinkt dir
Du willst dich verändern
Öffne die Tür
Zerschneide die Bänder.

Deiner Vorgesetzten Diktatur
Unverschämt, Menschen verachtend
Manche deiner Kollegen schmachtend
Dich machts wütend nur
Ignoriere, isoliere,
was dir zusetzt
was verletzt
desertiere.

Innere Immigration
Ist nicht genug
Drum sei klug
Gründe ne Fraktion
Zusammen seid ihr stark
Vorgesetzte müssen passen
Müssen euch ihr selbst sein lassen
Fühlt euch ganz autark.

Führungsschwäche, grosser Mangel
Macht euch bereit
Ihr seid soweit
Für das endliche Gerangel.

Zieht die Konsequenz
Aus Überdruss

Aus Frust - Absenz
Ruhestand

Nach der Arbeit vor dem Ende
Wie erträgst du diese Wende?
Ruhestand — ein blödes Wort
Und doch beschreibt es einen Ort,
der jetzt der deine.
Ich meine,
ob du dort stehst oder auch nicht,
aus deiner Sicht,
bist du vielleicht auch in Bewegung,
bewegt durch eine Regung,
die dir den Zustand, der nun ist,
versüsst.
Nicht jeder kann von sich behaupten,
dass ihm diese Phase passt.
So mancher sehnt die Arbeit sich zurück,
Stress, etwas bewegen, grosses Glück.
Allein, du musst bekennen,
es war nun lang genug ein Rennen,
um Erfolg und Ehr und Ruhm.
Drum kannst du nun
getrost den Tag verpennen.
Zeige zumindest guten Willen,
lass los und lerne chillen!

ROTE SCHUHE

Genug mit Beige, genug mit Grau,
Farbe muss an die Frau.
Erstes Gebot
Rot!

Soll ich es wagen,
laute Farben zu tragen?
Soll man mich sehen,
will ich diesen Weg gehen?

Rot am Fuss,
ein Gruss schon an sich.
Schaut her,
hier komme ich!

Ich trau mich –
Ganz Weib!
Du fragst dich,
was mich treibt.
Hab nicht mehr viel Zeit,
irgendwann wirds peinlich.
Bin jetzt bereit,
sei nicht so kleinlich!
Auch mit 63 will ich Spass!
Rote Schuh bedeuten das.
Fühl mich leicht,

UND WENN ROT SCHON REICHT...

NÄHE

NÄHE SUCHEN,

SICH SPÜREN WOLLEN,

EINANDER RIECHEN KÖNNEN,

ZEIT GEMEINSAM BUCHEN,

SICH VON DANNEN TROLLEN,

DEM ANDEREN FREIHEIT GÖNNEN.

DU BIST MEIN YANG

MEIN ANDERES ICH.

DEINER STIMME KLANG

BEDEUTET NÄHE FÜR MICH.

HÖR ICH DICH SINGEN,

HÖR ICH DICH LACHEN,

MÖCHTE MEIN HERZ ZERSPRINGEN,

KANN FEUER ENTFACHEN.

FÜHL MICH SO GUT MIT DIR,

WILL DICH NICHT LASSEN.

UNSER LEBEN HIER,

ICH KANN ES KAUM FASSEN,

HARMONIE PUR,

GEBEN UND NEHMEN, AUSTAUSCH,

LIEBE NUR,

IMMER NOCH RAUSCH.

LANGE IST ALLTAG EINGEKEHRT,

TROTZDEM KEINE LANGEWEILE,

GÄNZLICH UNBESCHWERT,

HABEN WIR KEINE EILE.

FERNSEHEN, ANEINANDER GEKUSCHELT,

GEMEINSAM LESEN,

NETTIGKEITEN DAHIN GENUSCHELT,

ALS WÄR'S NIE ANDERS GEWESEN.

DEINE NÄHE WILL ICH SPÜREN,

DEINE HAUT RIECHEN,

OHNE ALLÜREN,

AM LIEBSTEN IN DICH KRIECHEN.

NUR WICHTIG,

DASS ES GUT DIR GEHT.

NUR RICHTIG,

DASS ES SO WEITER GEHT.

REISEN — ZWECK ODER GENUSS?

EINE REISE MACHEN

NEUES ERFAHREN

LACHEN

NEUGIERDE BEWAHREN

MUSEEN BESUCHEN

KULTUR ERKUNDEN

BILDUNG BUCHEN

KLÜGER WERDEN

HIGHLIGHTS SUCHEN

WICHTIGER JEDOCH

DEN ORT ERSPÜREN

SCHAUEN HINTER FREMDE TÜREN

ERLEBEN, WIE ES IST

WO DU GERADE BIST.

RENOVIEREN

RENOVIEREN
WÄNDE STREICHEN,
TAPEZIEREN,
HAMMER REICHEN,
LEITER RAUF
LEITER RUNTER
GIB NICHT AUF!
FRISCH UND MUNTER
CHAOS PUR
WAS SOLL DAS NUR?
TEPPICH RAUS,
TEPPICH REIN,
MACH WAS DRAUS,
WAS KÖNNT SEIN?
ZUM ENDE
GANZ GENAUSO
NUR ANDERS
DIE WÄNDE!
WENN DEM CHAOS NAHT DAS ENDE
WENN LANGSAM ALLES AN SEINEM PLATZ
FREUST DU DICH ÜBER FRISCHE WÄNDE
DENKST „DAS HATS!"

REALITÄT

ICH BIN WIE ICH BIN
UND FRAGE MICH,
WO IST DER SINN,
WO IST DAS LICHT?
WAS KANN ICH TUN?
MUSS AKTIV SEIN
KANN NICHT RUH'N,
EIN HELLER SCHEIN.
BIN KRITISCH UND KLAR
FORMULIERE SCHARF
IST SO WAHR
WIE ES NUR DARF.
BIN NICHT BEQUEM,
BIN EIN DORN
NICHT ANGENEHM
KOMME VON VORN.
MEIN NAME?
JEDEM BEKANNT.
EINE HARTE DAME
ALS REALITÄT ERKANNT
QUALITY TIME
NE, HAB KEINE ZEIT,
MÜSSEN WIR VERSCHIEBEN
SIND HEUTE ZU ZWEIT,
UND FRÖNEN UNSEREN TRIEBEN.

QUALITY TIME!

ABER BALD, EVENTUELL,
LASS UNS DOCH MAL SCHAUEN,
ICH PRÜF NOCH SCHNELL
IN MEINEM MAC, DEM SCHLAUEN
WAS GEHT,
OH, SHIT, FAMILY QUALITY TIME !—
DANACH IST ES ZU SPÄT.

GEHN WIR HEUT ABEND NOCH WAS TRINKEN?
NE, MACH MICH BEREIT
FÜR QUALITY TIME ZU ZWEIT.
KANN ES SCHÖNERES GEBEN?
ALLES WIRD GEPLANT IM LEBEN,
BEI ALL DEM STREBEN,
MUSST DU DIR QUALITY TIME GEBEN.
MANCHER ABER WIRKLICH GLAUBT,
WENN ER NUR DIE ZEIT SICH RAUBT,
SEIN GANZES LEBEN
QUALITY TIME — EBEN.

Was kommt jetzt?

Heute ist es nun soweit
Dein letzter Arbeitstag
– bist Du bereit?
Wer mag
sagen, was nun kommt?
Fragen, wohin es geht?
Ziemlich prompt,
der Wind dich in eine andere Richtung weht.
Du hast nun Zeit
Stunden nur für dich zu nutzen,
sei bereit,
anderes zu tun, als Fenster putzen.
Lass es dir gut gehen,
geniesse deine Tage,
lass dich bei Freunden sehen
immer gern, gar keine Frage!
Falls es dir doch einmal fad,
denk an alte Kollegen
mancher findet's nämlich schad,
dass du nun auf anderen Wegen.
Drum bist du hiermit eingeladen,
auf Wein oder Kaffee
hier bei uns aufzuschlagen,
freu mich sehr, wenn ich dich seh'.

LIEBESERKLÄRUNG AN EINE MOPPELIN

ICH SITZE DA UND SCHAUE ZU

IN DER KABINE - DU -

PROBIERST DAS 7. KLEID

ES IST DIR DOCH ZU WEIT

ICH GLAUB ES KAUM,

WAS SICH DA TUT,

AUS DER TRAUM

-GAR NICHT GUT!

OB SIE NOCH DAS RICHTIGE FIND?

IRRE, WIE BIEGSAM FRAUEN VOR DEM SPIEGEL SIND!

DREH'N SICH, WENDEN IHRE HÜFTEN,

DAS FÜSSCHEN VORGESTELLT,

ERST DAS RECHTE

DANN DAS SCHLECHTE

UMGEBEN VON TAUSEND DÜFTEN

AUS DEM EI GEPELLT.

HÄNDE AUFGESTÜTZT

OB DAS WIRKLICH ETWAS NÜTZT?

UND NOCH EINMAL VON RECHTS NACH LINKS

ALS OB DER FUMMEL DAVON SCHÖNER WÜRDE

HÄNG BLOSS WEG, DAS DING!

SIE LIEGT WOANDERS DEINE HÜRDE.

SCHOKIS, BONBONS UND LAKRITZE, ALL DIE SÜSSIGKEITEN,

DIE SICH AUF DEINEM HINTERN NIEDERLIESSEN,

SORGEN NUN FÜR ANDERE WEITEN.

WAS SOLLTE 36 SEIN,

PASST NUN GRAD IN 40 REIN.

SCHATZ, NUN LASS DICH NICHT VERDRIESSEN!

ES GIBT NOCH GANZ ANDERE PLEITEN

ICH LIEBE JEDES PFUND AN DIR

DENN DU BIST DIE SCHÖNSTE HIER.

OBDACHLOS

IRGENDWANN AUSGEKLINKT
AUS DEM NORMALEN LEBEN,
ZAGHAFT ZURÜCKGEWINKT
ÄNGSTLICHES BEBEN.
WAS WIRD DIE ZUKUNFT BRINGEN?
WIE SCHAFFE ICH DAS?
WENN ZUR NACHT MIR DIE VÖGEL SINGEN,
ABER ENTGEGENSCHLÄGT HASS?
WIE LANGE KANN EINER AUF DER STRASSE SEIN,
OHNE DEN SCHUTZ EINER WOHNUNG?
FÜHL MICH SO KLEIN
GANZ OHNE SCHONUNG.
WO GEHT ES ZURÜCK
ZUR NORMALITÄT?
WO FINDE ICH MEIN GLÜCK
ODER IST ES SCHON ZU SPÄT?

Nur Sein ?

Ein ganz normaler Tag —
sag, kannst du das ertragen?
Was nicht jeder mag,
mancher muss sich plagen.

Kein Highlight, kein Event,
nur Hausarbeit und Putzen.
Erst lang gepennt,
dann ist von Nutzen,

wenn du dich entspannst.
Einfach nur „sein",
falls du das kannst.
Wirst dich befreien,

von Erwartungen lösen,
von Konsum dich frei machen,
legst dich zum Dösen,
du hast gut lachen.

Wer die Kunst versteht,
zufrieden ist mit „Sein",
der solche Tage begeht,
ganz ohne Pein.

WER ABER STÄNDIG ENTERTAINMENT BRAUCHT,
DER RENNT GEGEN DIE WAND.
MANCHEM DER KOPF WOHL RAUCHT
UND JUCKT DIE HAND.
HER MIT DEM INTERNET,
LASS MICH TELEFONIEREN!
ODER LIEBER INS BETT
UNS ZU AMÜSIEREN

LYRIK

EMOTION WIRD ZUM GEDICHT,
BEKOMMT ÜBER FLÜCHTIGES HINAUS
GEWICHT.
SPRACHE DEHNT GEFÜHLE AUS,
BESCHREIBT, POINTIERT GENAU,
GEDANKENSPLITTER
WORTE ALS TRANSMITTER.
ERLAUBEN DEM SINN DES GESAGTEN,
DEN GEDANKEN DES GEFRAGTEN
NEUE BEDEUTUNG..

NUR EINE MUTTER

Du hast nur eine Mutter,
sei dir dessen bewusst.
Bietet sie dir auch Futter
für deinen Frust.

Sie weiss so viel,
gibt dir womöglich Rat,
Scheissspiel!
Wer hat danach gefragt?

Sie kocht dir Tee,
wenn du liegst krank im Bett.
Hört sich an dein „Ach und Weh",
pflegt dich komplett.

Deine Mutter gibt dir Sicherheit,
verzichtet selbst auf viel.
Denkst du so weit?
Verstehst du dieses Spiel?

Oder bist du dauerrenitent,
ein Kind, ohne Verstand,
das gegen seine Mutter rennt,
weil Grund sich immer fand?

Wenn du alt genug,

DICH ABZUNABELN,
ZUG UM ZUG,
DICH ANDERWEITIG ZU VERKABELN.
VERGISS SIE NICHT,
DIE ALLEINE BLEIBT.
NOTFALLS FÜHL ES ALS PFLICHT,
WENN ES DICH SONST NICHT ZU IHR TREIBT
DU HAST NUR DIESE EINE.
FREUNDE KOMMEN VIELE,
ZEIG IHR DEINE
ZUGEWANDTHEIT MIT DEM ZIELE,

DASS SIE SICH NUN
AUF DICH VERLASSEN KANN.
DASS DU ALL IHR TUN
VON STUND AN

VERGELTEN WIRST, SIE PFLEGEN,
FÜR SIE DA SEIN,
IHRE WÜNSCHE HEGEN
UND NICHT NUR ZUM SCHEIN!

ES IST DER LAUF DER WELT,
DEINE MUTTER ZU DIR HÄLT.
KINDER LIEBEN AM MEISTEN SICH,
DARUM — ERINNERE DICH!
NICHTS IST FÜR IMMER

NICHTS IST FÜR IMMER.

SEI DIR BEWUSST,
DAS LEBEN HAT VIELE ZIMMER,
DURCH DIE DU GEHEN MUSST.

ERFAHRUNGEN ZEIGEN SICH,
DU WIRST ES NICHT ÄNDERN,
OB GUT ODER SCHLECHT
IN VERSCHIEDENEN GEWÄNDERN.

DIE GUTEN WILLST DU HALTEN,
DIE SCHLECHTEN DEINE SEELE SPALTEN.
DOCH WEDER DIE EINEN NOCH DIE ANDERN
HINDERST DU AM WANDERN.

WENN DIR SCHÖNES WIRD BESCHERT,
GENIESS DEN AUGENBLICK.
IHN HALTEN WOLLEN, DAS BESCHWERT,
KOMMT ER DOCH NICHT ZURÜCK.

KEIN GLÜCK UND KEIN LEID
IST FÜR IMMER.
DRUM SEI STETS BEREIT
FÜR DAS NÄCHSTE LEBENSZIMMER.

MUTTERTAG IST JEDER TAG
WAS EINE MUTTER MAG
WAS EINE MUTTER SPÜRT
SIE NIEMALS KLAGT
IHR KIND SIE FÜHRT

Das Kind will es nicht wissen
Es lebt nur seine Welt
Die Mutter will's nicht missen
Sie immer zu ihm hält.
Wendet sich ab von ihr das Kind
Sie bleibt doch da
Hofft, dass zurück es find
Und ja
Denkt nicht an sich
Nur an das Kind
Trägt nach ihm nicht,
dass es so blind.
Was eine Mutter fühlt und denkt
Ahnt das Kind nicht.
Es ihr keine Achtung schenkt
Wenn der Kontakt zerbricht.
Die Hoffnung bleibt bestehen,
es wird die Richtung finden,
wieder zur Mutter gehen,
die Zweifel schwinden.
Es dankt der Mutter für Geduld und Liebe
Die hofft, dass alles gut nun bliebe.

Lebensfaden

Mit dem Tritt in dieses Leben
wird dem Mensch' ein Knäuel gegeben.
Wie lang sein Faden misst,
wie lang die Wolle reicht
eines jeden Rätsel ist.
Jeder Moment, deines Strebens,
verknüpft sich
jedes Ereignis deines Lebens,
zeigt sich.
Wie die Maschen eines Strick-Stück's
greifen Momente ineinander,
Momente des Pechs und des Glücks
liegen nah beieinander.
Zuweilen reisst der Faden
Dann kann es gar nicht schaden
deinem Leben
erneut eine Richtung zu geben.
Ob der Faden derb und voller Knoten
oder ob er seidig weich
schön, wie Katzenpfoten,
dunkel oder bleich
ob dein Leben recht beschwerlich
oder voller Glück nur — ehrlich,
am Ende, wenn des Lebens Faden kurz,
kettest du die Maschen ab,
machst Kassensturz

UND SCHNEIDEST AB

LEBEN IST TANZ

DU MUSST DAS LEBEN TANZEN.
WENN DU DEN SCHRITT VERGESSEN,
DIR IM GANZEN
DER FORTGANG UNBEKANNT,
WÄRE ES VERMESSEN
ZU SAGEN, DASS DU DICH VERRANNT?
FEST STEHT, EIN FUSS MUSS VOR DEN ANDERN.
SO KANNST HINDURCH DU WANDERN,
AUCH WENN ES MANCHMAL NICHT SO GANZ

DEIN EIGENER TANZ.

LEBEN

WAS KANN ES DIR GEBEN
DEIN LEBEN?
WAS KANNST DU DRAUS MACHEN,
AUSSER JUBELN UND LACHEN?
WIRD DIR DIE SONNE SCHEINEN?
ODER MUSST DU TRÄNEN WEINEN?
WIRST DU ALLEIN SEIN
ODER ZU ZWEIEN?
MAGST DU – OHNE DICH ZU VERRENKEN
ANDEREN LIEBE SCHENKEN?
BIST DU IN DIESER ZEIT
TROTZ ALLEM HILFSBEREIT?
ERWARTEST DU REICHTUM UND SEGEN?
BIST DU BESCHEIDEN AUF DEINEN WEGEN?
MEHR SEIN ALS SCHEIN –
DAS KÖNNTE EIN MOTTO SEIN

LAUF DER ZEIT

DIE JAHRE LAUFEN UM DIE WETTE,
ALS OB SIE NICHTS ANDERES ZU TUN HÄTTEN.
EINS WILL DAS ANDERE ÜBERHOLEN,
GANZ SO, ALS HÄTTEN SIE DIE ZEIT GESTOHLEN.
SIE FLIEGEN DAHIN,
WIR SUCHEN DEN SINN.
SIE GEHEN VORBEI,
ALS OB DAS GAR NICHTS SEI.
WAS MACHEN WIR HIER?
MANCHER IST SCHIER
ÜBERFORDERT MIT DIESER FRAGE.
ANDERE SIND SICH SELBST NE PLAGE.
VIELE STERBEN VOR LANGEWEILE,
WISSEN IHRE TAGE NICHT ZU FÜLLEN,
LESEN ZEITUNG, ZEILE FÜR ZEILE,
UM SIE DANN ZUSAMMENZUKNÜLLEN.
ALL DAS ELEND, ALL DIE NOT,
WILL DOCH KEINER WISSEN!
WIEDER TAUSEND MENSCHEN TOT,
AUS DEM LEBEN RAUSGERISSEN.
GLÜCKLICH, WER NICHT GANZ ALLEIN,
WOMÖGLICH FREUNDE HAT UND KINDER,
NICHT EINSAM IST, NICHT NUR ZUM SCHEIN,
DIES GLÜCK SIEHT WIE EIN BLINDER.
DIE JAHRE NUTZEN UND GENIESSEN,
OB SONNE ODER REGEN,

IDEEN UND TRÄUME SPRIESSEN,

SIND NICHT NUR EIN SEGEN.

ALLES GUT ZUSAMMEN PASST,

DER GEFÜHLE BUNTER REIGEN.

OBEN AUF DER WELLE LASST

UNS GLÜCKLICH SEIN UND SCHWEIGEN.

KOMMT DAS TAL DANN IRGENDWANN,

ERINNERST DU DICH GERN DARAN.

DIE WELLEN ÜBERSCHLAGEN SICH,

SCHLAG AUF SCHLAG, ES SCHÄUMT DIE GISCHT.

MANCHE FAST BEGRABEN DICH,

BIS DEIN MUT DICH RAUSGEFISCHT.

DAS LEBEN IST NICHTS FÜR FEIGE,

DRUM GRÜSS DIE JAHRE, DIE NOCH KOMMEN,

WIE ZWEIGE,

DIE AUS ALTEN ÄSTEN SPRIESSEN.

HAST DU DIR DEIN GLÜCK GENOMMEN?

ES GEHÖRT DIR, DU DARFST GENIESSEN!

KUNST ODER BESSER NICHT?

KUNST — WAS EINER KANN
UND ANDERE NICHT
WENN DANN UND WANN
MAN DRÜBER SPRICHT,
DANN IST DAS IRGENDWIE
BEMERKENSWERT,
AUCH WENN MANCHE NIE
FÜR IHRE KUNST GEEHRT.
MAN FRAGT SICH, OB ES WOHL
EINTRÄGLICH GENUG
ODER SCHLICHT NUR HOHL
UND WENIG KLUG,
OB MANCHER, DER NICHT SO GUT DRAN
- ES IST JA NIE ZU SPÄT —
BESSER WAS ANDERES TÄT

KRIEG ODER FRIEDEN?

SCHAFF DIR IN DEINER WELT
FRIEDEN,
PFLEG, WAS ZUSAMMENHÄLT.
BESCHEIDEN GEBLIEBEN,
EINANDER BESCHÜTZT
UND ACHTET.
WAS NÜTZT,
WENN MAN NACH REICHTUM TRACHTET,
BEGEHRST, WAS NICHT DEIN,
IMMER NUR MEHR WILLST?
BLEIBST TROTZDEM KLEIN,
WENN DU NUR GIER STILLST.
SCHAU GENAU HIN,
WAS DIR WIRKLICH WICHTIG.
WO LIEGT DER SINN,
WAS IST NICHTIG?
KEIN LEBEN BESTEHT NUR AUS ROSEN,
NIRGENDS IST NUR SONNENSCHEIN.
ZUWEILEN STÜRME TOSEN,
WONACH DIE LÜFTE WIEDER REIN.
GROSSER KRIEG WÄR ZU VERMEIDEN,
WENN DU IN DEINER KLEINEN WELT
NICHT ZULÄSST, DASS ANDERE LEIDEN,
WEDER FÜR EHRE NOCH FÜR GELD.
ABER SO SIND WIR NICHT,
WIR WOLLEN IMMER MEHR,

STREBEN ZUM HELLSTEN LICHT,
AUCH WENN ES BLENDET SEHR.
KARIN APRIL

ICH BIN WIE DER APRIL,
HEUTE HEISS UND MORGEN KALT,
IMMER GERADE WIE ICH WILL,
MANCHMAL DREIST, ZUWEILEN DURCHGEKNALLT.
HABE MEINEN EIGENEN KOPF
DAS MACHT MAN SO, DAS TUT MAN NICHT —
FÜR MICH ENTBEHRLICH WIE EIN KROPF.
NICHT INTERESSANT AUS MEINER SICHT.
ICH FÜHL MICH FREI,
BIN GLÜCKLICH UND ZUFRIEDEN,
BESONDERS
SEIT WIR ZWEI
UNS LIEBEN!

FAZIT

ERSCHÖPFT VOM TAGE,
MITTERNACHT VORBEI.
EIN JEDER TRAGE
OHNE GESCHREI
DIE KONSEQUENZ
DESSEN, WAS ER BEWEGT.
DIE TENDENZ?
SEI STETS BESTREBT,
ES MORGEN BESSER,

ZUMINDEST GUT ZU MACHEN.
ACH..

KÖNNTE ICH MALEN
NÄHM' ICH DEN HIMMEL
ALS INSPIRATION.
ANDERE WAHLEN
ALS DIESEN HIMMEL
TRAF ICH SCHON.

IN SEINER UNERMESSLICHKEIT
ERSTRECKT ER SICH — EIN GROSSES TUCH,
HOCH UND TIEF, UNENDLICH WEIT.
ÜBER ORTEN, DIE ICH GERN BESUCHT.

NOCH KANN ICH SEHEN,
DICH UND MICH
WIE WUNDERBAR
MÖCHTE MANCHMAL LIEBER GEHEN
FÜHL MICH NICHT
MEHR SCHÖN UND KLAR.

BIN VERBLÜHT
SPÜRE MICH WELKEN
WERDE SELBST MIR FREMD
STAUNE, BIN BEMÜHT,
GÄBE MEIN LETZTES HEMD
KÖNNT ICH ES MIT HUMOR ERTRAGEN
MIT IGNORANZ UND ABGEBRÜHT.

WAS WIRD AUS MIR,
KOMMT ZEIT, KOMMT RAT?
ICH WÜNSCHE DIR,
DASS DU DICH ARRANGIERST,
SCHLAU UND IN DER TAT
KAPIERST.

MENSCHEN WAR'N MIR NIE GEHEUER,
MACHEN MIR ANGST
ICH SELBST MIR AUCH
UND DOCH BIN ICH DER KAPITÄN AM STEUER
OB DU MIT MIR BANGST?

FÜHLST DU ES AUCH?

ÄLTER SIND WIR HEUTE
REICH AN ERFAHRUNG
BEIDE REICH AN SCHMERZ
ES MICH WIRKLICH FREUTE,
WIR BLIEBEN IN VERBINDUNG
DAS SAGT MIR MEIN HERZ

KAUF-ZAUBER

ES TREIBT MICH AUS DEM RESTAURANT,

VERZICHTE AUF DEN KUCHEN,

GLEICH NEBENAN

MUSS ICH WAS SUCHEN,

FÜR MEINEN KLEIDERSCHRANK

SEINEN INHALT DURCH NEUES VERSTÄRKEN.

WIRD ES WER MERKEN?

ICH ERFINDE MICH JEDEN TAG NEU,

LASSE MICH INSPIRIEREN

BETRETE BOUTIQUEN OHNE SCHEU

WO ANDERE DURCHS FENSTER GIEREN

!

DAS ADRENALIN PUMPT.

DIE ERREGUNG STEIGT.

AUF DEN PUNKT:

BIN SCHON WIEDER GENEIGT,

EIN SCHNÄPPCHEN ZU ERWERBEN

KÖNNTE DAFÜR STERBEN!

Konsum-Junky

7 Uhr — es treibt mich aus dem Bett,
muss ins Internet,
muss forschen und suchen,
was grad im Handel.
Muss was buchen,
meinen Wandel
durch Neues verstärken.
Wird es wer merken?

Ich erfinde mich jeden Tag neu,
bin dabei,
neue Seiten zu entwickeln.
Oh, ist das prickelnd!
Lass mich inspirieren
durch das, was andere erworben.
Bin am Gieren
bin total verdorben!

Ich bin ein ebay Junky,
bin der Sucht verfallen,
Dinge zu ersteigern,
vor allem
kann ich mich nicht verweigern,
all den Designerschnäppchen.
Welch eine Spannung,

NOCH EIN HIPPES KÄPPCHEN?

DAS ADRENALIN PUMPT.

DIE ERREGUNG STEIGT.

AUF DEN PUNKT:

ICH BIN GENEIGT,

MEIN GEBOT SO LANGE ZU ERHÖHEN,

BIS ICH DER SIEGER DER AUKTION.

WILL MICH BEMÜHEN,

DAS WEISS ICH SCHON

DIE GEFAHR ZU SEHEN,

AUF ENTZUG ZU GEHEN.

DAS KONTO IST ÜBERZOGEN,

DIE SCHEINE NUR SO RAUSGEFLOGEN

PAYPAL MACHT ES LEICHT,

DIE KONSEQUENZ DIE BANK AUSGLEICHT.

MUSS MICH ENTSCHEIDEN,

KANN ES NICHT LEIDEN

ABHÄNGIG VON IRGENDWAS ZU SEIN.

IRGENDWAS IST IMMER

GEHT ES DIR GUT
BIST DU GUT DRAUF?
HAST GRADE MUT
UND KRAFT ZU HAUF?
PACK'S AN,
GREIF ZU!
DENN LEBEN KOMMT IN WELLEN,
MAL BIST DU OBEN
UND MAL NICHT,
SCHWIMMST AUF DEN SCHNELLEN,
WILLST SIE

GRAD LOBEN,
ALS ALLES BRICHT.
FÄLLST TIEF INS WELLENTAL,
GLAUBST, TIEFER GEHT ES NICHT,
HARRST AUS, HAST KEINE WAHL.
VERTRAUST DARAUF
ES GEHT BERGAUF,
UND WEISST:
AUCH WENN ES NICHT MEHR SCHLIMMER,
IRGENDWAS IST IMMER!
IN DIR KEIMT DIE SEHNSUCHT
NACH INTENSITÄT
HAST IN DEINEM LEBEN

NICHTS VERSCHMÄHT,
HAST ERLEBEN GEBUCHT.
WAS KANN ES BESSERES GEBEN,
ALS WACH ZU SEIN,
EMPFINDSAM ZU SPÜREN,
OB GROB ODER AUCH FEIN
UND OHNE ALLÜREN
MAN SELBST ZU SEIN?

SEI KEIN TOR
BLEIB AUF DEM BODEN
MACH DIR NICHTS VOR
WIE DIE SODEN
DES GRASES DIE ERDE BEDECKEN,
DECKT DICH DEINE FANTASIE
WIE FLAMMEN DAS FEUER LECKEN
LIEBST DU SIE.

IN DER NOT..

WIEDER MAL IM STAU
ALLE STRASSEN DICHT
AUTOBAHN IM BAU
AUSWEG GIBT ES NICHT
DER SUPERGAU
AUS FAHRERS SICHT
MANCHER WENDET
DIE NERVEN BLANK
DER VERSUCH SCHNELL ENDET
OH, WIE KRANK!
ALLE WOLLEN JETZT WOHIN
SIND GEFANGENE IM STAU
ICH STECK MITTENDRIN
MEIN HAAR WIRD SCHON BALD GRAU
SIE ROLLT NUR LANGSAM
DIE BLECHLAWINE
UND ÜBER KILOMETER DANN –
NICHT EINE EINZIGE LATRINE!
ALSO, SPRUNG ÜBER DIE PLANKE,
HOCH DEN ROCK,
HINGEHOCKT
DA FÄLLT JEDE SCHRANKE.
SCHAM ENTFÄLLT HIER IN DER NOT
WENN EIN NASSES HÖSCHEN DROHT.

HAUT

SIE IST SCHUTZ DIR
SIE GIBT HALT
SIE IST ZIER
SIE GIBT GESTALT

MAL ZART
MAL RAU
MAL HART
MAL GRAU

ZUWEILEN RISSIG
VOLLER HORN
MACHT SIE DICH BISSIG
BLIND VOR ZORN
SOLL DICH UMHÜLLEN
DIR ZIERDE SEIN
TRÄUME ERFÜLLEN
VON SCHÖNEM SCHEIN

SAMTIG WEICH
WIE PFIRSICHHAUT
BLEICH
UND GERNE ANGESCHAUT

HAUT IST WICHTIG
SCHÖN UND GLATT

ALLES NICHTIG
IST SIE ZU MATT

FÜHLST DU DICH GUT
IN DEINER HAUT?
BIS AUFS BLUT
INS HERZ GESCHAUT
HAUT IST DIR NAH
BERÜHRT DEIN ICH
ICH ABER SAH
IMMER NUR „DICH"

LOSLASSEN

KEINE ZEIT ZU VERSCHENKEN
KEIN ZUKUNFTS-DENKEN
LEBE JETZT UND HIER
SEI GANZ BEI DIR
SEI DIR BEWUSST,
HAST KEINE ZEIT
ZU WARTEN.
SEI JETZT BEREIT,
INS GLÜCK ZU STARTEN.
TRENN AB,
WAS DICH AM BODEN HÄLT,
ZU KNAPP
DIE ZEIT AUF DIESER WELT

Ich tanze!

Musik, so laut es geht,
ich muss tanzen!
Wohin es mich auch dreht,
einzelne Schritte, im Ganzen,
bin tief berührt,
Ventile öffnen sich.
Wohin es mich auch führt,
ich tanze für mich.
Schwere Klänge, tragende Gesänge,
mir laufen die Tränen
als ob nun erklänge,
was seit Tagen zu erwähnen,
ich mir versage,
was mich bedrückt,
ich mit mir trage,
bin weit entrückt.
Tanz mir die Seele aus dem Leib.
Es lösen sich Ängste und Sorgen.
Alles, was mich treibt,
hat kein Morgen.
Mit meinen Tränen ausgeschwemmt,
aufgelöst in Luft,
tanze und weine ich ungehemmt
bis der Tag mich ruft.

HADERN MIT DER MUTTER

GLAUBE NICHT, DASS DEINE MUTTER EWIG LEBT.
EINES TAGES BLEIBT SIE STUMM.
AUCH WENN DIR HEUTE MANCHES WIDERSTREBT,
WIRFT DICH DAS DANN UM.
DU KRITISIERST, HADERST MIT IHRER DOMINANZ
DU BLEIBST DAS KIND EIN LEBEN LANG.
EIN ENDLOSER TANZ,
VOLLER ZWANG.
DU SOLLTEST IHR VERZEIHEN KÖNNEN,
AUCH SIE KANN NICHT AUS IHRER HAUT.
IHR MIT HUMOR DIE MEINUNG GÖNNEN,
LÄCHELN, WENN ÜBERRASCHT SIE SCHAUT.
ÜBE NACHSICHT MIT IHR
WIE SIE EINST MIT DIR.
MACH FRIEDEN, LASS DAS KRIEGSBEIL RUHEN,
DU STECKST NICHT IN IHREN SCHUHEN.
WEISST NICHT WIE SCHWER ES IST,
ALS WITWE ZU BESTEHEN.
DA DU DABEI BIST,
IHR AUS DEM WEG ZU GEHEN.
BEWUNDERUNG VERDIENT SIE,
DASS SIE TOUGH UND MIT BRAVOUR
IHR LEBEN IN DIE HAND NAHM, NIE
GESCHWÄCHELT SONDERN NUR
NACH VORN GESCHAUT,
AUF WEITERLEBEN GEBAUT,

AN DICH GEDACHT,
WEITERGEMACHT.
DU HAST EINE MUTTER, DIE IHR BESTES GAB.
SEI DANKBAR FÜR DIE ZEIT MIT IHR,
IN GEDENKEN HIER,
BEVOR SIE IRGENDWANN IM GRAB.
WENN STILL BLEIBT DAS TELEFON,
AHNST DU SCHON,
SIE HAT SICH ZURÜCKGEZOGEN,
IST DAVONGEFLOGEN.
SPÄTESTENS DANN WIRD DIR KLAR,
WELCHE LÜCKE SICH AUFTUT.
SIE, DIE DICH GEBAR,
GAB DIR ALLES, GAB KRAFT UND LEBENSMUT.
DANN MUSST DU ALLEINE GEHEN,
AUCH DU BIST MUTTER NUN, FÜRWAHR.
MÖGE DEIN KIND DICH ANDERS SEHEN,
DASS DIR DIESER SCHMERZ ERSPART

FÜSSE

FÜSSE IM GRAS
HINTERLASSEN SPUREN
FÜSSE WERDEN NASS
SONNE KOMMT AUF TOUREN
EISKRISTALLE SCHMELZEN
KINDER SPIELEN DORT
MANCHE, DIE IM SCHNEE SICH WÄLZEN,

WOLLEN HEUTE NICHT MEHR FORT.
GUTE GÜTE!

ICH HAB ZUGENOMMEN,
KÄMPFE GEGEN KILOS
FÜHLE MICH BEKLOMMEN
WIE WERDE ICH SIE LOS?

ALLABENDLICH BEIM FERNSEHEN,
JEDE KLEINE WERBEPAUSE
IN DIE KÜCHE GEHEN
FÜR NE KLEINE JAUSE

BRING MIR NOCH EIN SCHOKI MIT!
NE SCHEIBE SCHINKEN KÖNNT ICH GRAD VERTRAGEN.
DIESER KÄSE IST DER HIT!
SOLLT ICH'S MIR VERSAGEN?
GRAMM UM GRAMM HÄNG ICH MIR DRAN,
AN MEINE TADELLOSE LINIE
WANN FING DAS NUR AN?
WAR DOCH SCHLANK WIE EINE PINIE!
SITZE VIEL ZU OFT,
DABEI HATTE ICH GEHOFFT
DASS ICH MICH BEWEGE,
EIN GESUNDES LEBEN PFLEGE.

5 KILOS!
DAS SIND 20 STÜCKCHEN BUTTER,
DIE HÄNGEN AN DER MUTTER

UND WOLLEN NICHT MEHR LOS.

GEDANKEN

GEDANKEN FLIEGEN,
SUCHEN SICH EINE RICHTUNG,
MANCHE SICH VERBIEGEN,
ANDERE TREFFEN AUF DEN PUNKT.

VERSCHWIMMEN IN DER FERNE,
KOMMEN AUCH ZURÜCK
MANCHMAL GERNE
NICHT IMMER EIN GLÜCK.

GEDANKEN WERDEN PLÄNE,
FINDEN IHRE FORM,
IDEEN-SPÄNE
REIFEN GANZ ENORM.

PLÄNE NEHMEN GESTALT AN,
WERDEN UMGESETZT,
DANN UND WANN
SICH EINER FETZT.
WIEDER FORMEN SICH GEDANKEN,
PRÜFEN ALLES NOCH EINMAL,
KOMMEN AUCH INS WANKEN,
MANCHMAL EINE QUAL.
DENKEN HÄLT LEBENDIG,
MACHT DICH FREI,
WENN ES AUCH AUFWENDIG

BLEIB DABEI.

FANG AN, DU

DU WÜNSCHT DIR FRIEDEN IN DER WELT

WIE KINDLICH, DENKST DU –

DA DRAUSSEN ZÄHLT MEIST NUR DAS GELD

DU SCHAUST DABEI ZU

KANNST VIELES GAR NICHT ÄNDERN

BIST NUR STATIST

WENN UNTER BUNTEN, WALLENDEN GEWÄNDERN

SO VIEL BÖSES IST.

ERHALT DIR DEINE ZIELE

LEBE FREUNDLICHKEIT UND MUT

LASS SIE ZU, DEINE GEFÜHLE

BESTÄTIGUNG TUT GUT

ERLAUBE DEM BÖSEN NICHT

SICH ZUTRITT ZU VERSCHAFFEN

ES VERDUNKELT SONST DEIN LICHT,

KANNST VOR SORGE NICHT MEHR SCHLAFEN.

LEB DEN FRIEDEN MIT DEN DEINEN

ACHTE, VERSTEHE, VERZEIH

AUCH WENN ANDERE MEINEN

RECHT ZU HABEN MIT GESCHREI

ERKENNE DU, WAS WICHTIG

ZEIGE AN, WAS MAN VERSTEHT

VERMEIDE DU WAS NICHTIG

BEKENNE, DASS FRIEDEN AUS GÜTE BESTEHT.

FREIHEIT

FREIHEIT IST EIN GROSSES WORT,
DAS JEDER ANDERS SIEHT.
ZIEHT'S EINEN AN NEN ANDEREN ORT,
IST ES ERLAUBT, OHNE DASS MAN FLIEHT.

WILLST DU REDEN ÜBER PLAGEN,
DARFST DU BEI FREIHEIT ALLES SAGEN.
KRITIK IST ERLAUBT,
AUCH WENN'S MANCHER WOHL NICHT GLAUBT.

NUR DU DARFST ÜBER DICH ENTSCHEIDEN,
KEIN ANDERER HAT DAS RECHT,
DU MUSST NUR IN DEM RAHMEN BLEIBEN,
WENN'S ANDERE TRÄFE, DANN WÄR'S SCHLECHT.
DEINE FREIHEIT DORT GLEICH ENDET,
WO DIE DES ANDEREN BEGINNT.
DER SICH GEGEN DICH SONST WENDET,
GLAUBT VON DIR „DER SPINNT!"

DIESES IST EIN FREIES LAND.
LASST ES UNS GENIESSEN.
DA LIEGT ES AUF DER HAND,
DASS IDEEN WIE BLUMEN SPRIESSEN.

FRAUENFREUNDSCHAFT

EINE FREUNDIN HAST DU FÜRS GANZE LEBEN
KANN ES SCHÖNERES GEBEN?
ZEIT, DIE IHR GEMEINSAM VERBRINGT,
JAHRE SPÄTER NOCH ALS ERINNERUNG KLINGT.
DRUM NIMM DIR JEDE MENGE ZEIT,
DIE NUR IHR BEIDE TEILT, ZU ZWEIT.
BESTE FREUNDINNEN ZUSAMMEN HALTEN,
KEINER KANN DAZWISCHEN SCHALTEN.

TYPEN KOMMEN UND GEHEN.
NIEMAND KANN VERSTEHEN,
WIE SCHNELL SIE DIR IHRE LIEBE GESTEHEN.
WORTE, DIE IM WINDE VERWEHEN,
SOBALD SIE DIE NÄCHSTE TUSSI SEHEN.
DU KANNST DICH NOCH SO DREHEN,
LASS NIEMALS DEINE FREUNDIN STEHEN!
DU HAST NUR EINE BESTE,
VERLIERST DU SIE....
MÄNNER KOMMEN SCHARENWEISE,
MANCHE LAUT UND ANDERE LEISE.
VIELLEICHT SCHAUST DU VERZÜCKT
EINES TAGES AUF DEIN GLÜCK,
WENN DU DEN RICHTIGEN GEFUNDEN.
DANN KANNST DU DICH FREUEN,
WENN DEINE FREUNDIN NOCH BEI DIR.

WIRST ES NICHT BEREUEN.

DRUM HALTE JETZT ZU IHR.

VIEL SCHAUM UM NICHTS

MAN GLAUBT ES KAUM,

STREIT HÄNGT IN DER LUFT.

AUS DER TRAUM,

FREUNDSCHAFT VERPUFFT

URSACHE UNBEKANNT.

WAS WAR ES BLOSS?

GEFAHR ZU SPÄT ERKANNT,

IST WENIG TROST!

IMMER FREUNDINNEN GEWESEN,

AUF SCHLAG VORBEI.

WIRD NICHT MEHR GENESEN,

ZU VIEL ENTTÄUSCHUNG FÜR ZWEI.

WAS HAT SIE GERITTEN?

WAS WAR DER GRUND?

NUR NOCH GESTRITTEN.

OHNE BEFUND.

TYPISCH FÜR FRAUEN?

SOVIEL SCHAUM,

UM NICHTS.

Frau über 50

Kennst du das?
Du bist unsichtbar?
Durchsichtig wie Glas.
Ist das nicht sonderbar?
Trotz drei Kilo mehr Gewicht
sieht Mann dich nicht.
Vorbei deine Rolle als Beute
bist Neutrum, mehr Kumpel heute.
Wenn in den Spiegel du schaust,
fängt sich das Licht in den Falten,
wirft Schatten, dass es dich graust,
hättst gern deine Schönheit behalten.
Weisst jetzt bestimmt
nichts ist von Dauer
Wie man es nimmt,
kein Grund zur Trauer.
Das Leben hat mehr zu bieten,
als Jäger und Beute,
zu viele Nieten,
so dass man manche bereute.
Du hast nun Zeit
genau hinzusehen,
bist bereit,
an deine Grenzen zu gehen.
Willst hinspüren,
Neues erfahren,

ES ÖFFNEN SICH ANDERE TÜREN
IN DEN KOMMENDEN JAHREN.
ERFINDE DICH NEU!
DENK DIR DABEI,
MÄNNERN GEHT'S ÄHNLICH,
VIELE ZU DÄMLICH,
DAS ZU BENENNEN,
SELBST WENN SIE'S ERKENNEN.
JAGEN WEITER DIE BEUTE,
ALS WÄR ALLES WIE IMMER,
25JÄHRIGE HEUTE,
MANCHE NOCH SCHLIMMER.
HABEN SIE GELD,
FINDET SACHAUSTAUSCH STATT,
DAS WEISS ALLE WELT
GLÄNZEND ODER MATT.
ARMUT IST SCHLIMMER ALS FALTEN,
SOLL SEINE LIEBE BEHALTEN
FALTEN MACHEN UNSICHTBAR
ARMUT AUCH, WIE WAHR.

FRATZEBUCH UND CO

SOZIALES NETZWERK
GLÜCK ODER PEST?
WILL ICH ERFAHREN,
WAS PASSIERT IN FREMDEM NEST?
WILL ICH WISSEN
WAS ANDERE DENKEN,
GLAUBEN, HOFFEN,
SICH ZU WEIHNACHTEN SCHENKEN?
MUSS ICH KENNTNIS DAVON HABEN,
WENN JEMAND EINE REISE MACHT,
FREMDE SICH AN SPEISEN LABEN,
ANDERE HUNGERN, DASS ES KRACHT?
MANCHE FETTEN KUCHEN ESSEN,
ANDERE IHRE SORGEN FRESSEN.
WILL ICH VIDEOS SEHEN,
VON ELEND UND NOT ?
MICH ÄNGSTIGEN, WEIL JEMAND DROHT?
MUSS ICH DIESE WEGE GEHEN
IST DAS ALLES GUT FÜR MICH?
SOLLTE ICH NICHT BESSER SEHEN,
OB MEIN LEBEN MIR GENUG — AN SICH?
UND DOCH..
MANCHER, DER HEUT EINSAM IST,
EINEN ECHTEN FREUND VERMISST.
BEKOMMT RESONANZ
AUF SEIN RUFEN

ANGEBOTE ZUM TANZ
ANSPRACHE AUF VERSCHIEDENEN STUFEN
IM FACEBOOK-PORTAL
BESSER ALS NICHTS — ÜBERALL

FERIEN!

KINDER, ELTERN, ALLE
FREUEN SICH AUF FERIEN,
WENN IN JEDEM FALLE
JEDER WILL WOHIN.

FERIEN HEISST REISEN,
UND DAS MÖGLICHST WEIT.
EXOTISCH SPEISEN
MIT VIEL ZEIT.

BLECHLAWINE SCHON AM MORGEN
AUTOBAHN IM BAU
MACH DIR KEINE SORGEN
STEHST NICHT ALLEIN IM STAU.

AIRPORT — EIN GEWIMMEL
PASSAGIERE BUNT UND LAUT
REGELRECHTER REISEFIMMEL
HIER WIRD FACHMÄNNISCH GEKLAUT.
DREI STUNDEN FLUG

Blauer Himmel, Sonnenschein
Weisse Häuser, Strand genug
Könntest überall jetzt sein.
Spanien, Türkei und Griechenland,
überall ist's heiss,
mancher sich hier wiederfand
kaum geduscht, gleich schon im Schweiss.
Strand, Sonne, Meer und dann
Liege unterm Schirm gesucht
worauf man sich verlassen kann
Verlässlichkeit gebucht.

14 Tage, knackig braun
die Haut fängt an zu schuppen
die zu Hause werden schaun
schlaf bis in die Puppen.

Urlaub strengt doch mächtig an
jeden Tag die Sonne,
am Buffet da steht man an
Zeit vertun mit Wonne.

Auch Museen anzuschauen
strengt nicht wenig an
Gesehenes verdauen,
damit Neues kommen kann.
Schwupps, schon ist's vorbei.
Wieder ein Jahr warten,
wünsch', dass es ein Schönes sei,

VIELLEICHT ZU HAUS IM GARTEN.

WIEDER FREITAG

FREITAG,

WENDE,

JEDER MAG,

WOCHENENDE

ENTSPANNEN,

LOSLASSEN,

AUF SICH SELBST BESINNEN,

AUCH TIEF DRINNEN.

DAS HAMSTERRAD,

DAS JEDER DREHT,

IST LÄNGST SCHON FAD,

UND DREHT DOCH BIS ES STEHT.

FREITAG ABEND,

EIN SCHÖNES ESSEN,

DEN STRESS DER WOCHE VERGESSEN,

AN GUTEM WEIN SICH LABEN.

INS SOFA GEKUSCHELT,

ANEINANDER GESCHMIEGT,

BALD GENUSCHELT,

DER SCHLAF HAT GESIEGT.

DAS FREITAGSSCHLÄFCHEN

BEI KERZENSCHEIN

DU ZÄHLST DIE SCHÄFCHEN,

BIST GANZ MEIN.

ERKENNTNIS

REISEN IST WUNDERBAR
UND ENTDECKST DU,
WO JEDER SCHON WAR,
NOCH NEUES IM NU,
SCHÄTZE DICH GLÜCKLICH.
HAST DU DIES BESICHTIGT?
HAST DU DAS GESEHEN?
KULTUR IST WICHTIG,
NEUE WEGE GEHEN,

ERLEBEN.

DOCH MANCHER GERN ZU HAUSE BLEIBT,
NICHTS IHN IN DIE FERNE TREIBT.
WEISS ER DOCH, WOHIN ER GEHT,
ER DORT NEBEN SICH NUR STEHT?
SORGEN UND NÖTE BEGLEITEN IHN.

OB DU DIE FERNE ODER DIE HEIMAT GENIESST,
SO ODER SO EIN ERLEBNIS.
DAS WASSER WEITER DIE ELBE DURCHFLIESST,
ERKENNTNIS, VOM ERGEBNIS

Enttäuschung

Nicht die anderen sind schuld
Wenn du dich getäuscht
Du ganz allein
hast dich gepolt,
so und nicht anders
sollte es sein.

Kein Spiel
Keine Alternative
Nur dein Bild
Aus anderer Perspektive
es dir nicht gefiel
drum urteile mild!

Ent-täuschung
Die Täuschung ist vorbei!
Komm neu in Schwung
Einerlei,
ob es dir passt oder auch nicht
Sieh es einfach in anderem Licht.

SCHIETWETTER MACHT SINN

TRÜBES WETTER
TRÜBE GEDANKEN
WO IST EIN RETTER,
KOMM ICH INS WANKEN?
SONNE WÄRE SCHÖN,
ABER KÖNNTE ICH DANN WEIHNACHTEN SEHEN?
MICH FREUEN AUF DIESE BESONDERE ZEIT?
WENN SPANNUNG WEIT UND BREIT?
BRINGEN MIR REGEN UND DUNKELHEIT
NICHT DIE NÖTIGE STILLE,
EIN WENIG BESINNLICHKEIT,
MIT DER ICH DIE ABENDE FÜLLE?
HILFT DIESES GAR- NICHT
BEIM LOSLASSEN ALLES VERGANGENEN?
SCHÄRFT ES DIE SICHT,
DEN RÜCKBLICK, WENN WOLKENVERHANGEN
DER TAG SICH NICHT ZEIGT?
UM DAS NEUE ZU BEGINNEN
BRAUCHE ICH AUSSEN WIE INNEN
GEDANKEN, WEIT VERZWEIGT.
GEDANKEN, DIE AM ALTEN WEBEN
UND DANN IN DIE ZUKUNFT STREBEN,
DASS WENN DIE SONNE WIEDER SCHEINT,
DAS NEUE JAHR ES GUT MIT MIR MEINT.
EIN GEDICHT

Ein Gedicht

Das sieht man nicht.
Der Dichter findet Worte.
Worte, die aus seiner Sicht
beleuchten Mensch und Orte,
schildern Meinung oder auch
nur den Hauch
einer Idee,
die die seine,
die er möcht', dass man versteh',
auch wenn es nur ne Kleine.
Ein Gedicht
beschreibt in Versen,
was des Dichters Licht bescheint
Mehr erreichen kann er nicht,
denken musst du ganz allein.

Die Zeit gehört dir

Zeit zum Nachdenken
Stunden, die nur dir gehören
Minuten, die dich lenken
Sekunden, die verstören.
Was kommt dir alles in den Sinn,
Affen toben in deinem Kopf.
Wo führt das hin?
Manches schon ein alter Zopf.
Böse Gedanken sind dabei.
Beschwören Ängste und Sorgen.
Dabei ist es einerlei
verschwendet, Gedanken an morgen.
Böses verdrängt durch Hoffen,
dass alles gut bleibt.
Sei völlig offen,
wohin es dich treibt.
Allein mit deinen Gedanken,
vergiss die Sorgen.
Musst nicht wanken,
denk nicht an morgen.
Dir gehört die Zeit,
Wochen, Tage, Stunden.
bist gegen alles gefeit,
hast dich gebunden.

Diese Frusttage

Heute geht gar nichts,

BIN TOTAL LEER,

SEHE KEIN LICHT,

ALLES DUNKEL UM MICH HER.

NICHTS KANN MICH ERFREUEN,

NICHTS MACHT MIR SPASS,

WERD ES BEREUEN,

ES IST SO KRASS!

FRAG MICH, WAS DAS ALLES SOLL,

WOZU BIN ICH HIER?

HAB DIE NASE DERART VOLL,

AUSSER VON DIR.

WILL NICHT LESEN,

WILL NICHT SCHREIBEN,

WÄR SCHÖN GEWESEN,

KÖNNT ICH'S LEIDEN.

BLOSS KEIN SPORT,

AUCH NICHT BEWEGEN,

RENNE FORT,

DURCH DEN REGEN.

KLATSCHNASS MEIN GESICHT,

DAS HAAR VERKLEBT,

ES STÖRT MICH NICHT,

DIE STIMMUNG BEBT.

ES GIBT DIESE TAGE,

ZUM GLÜCK NUR GANZ SELTEN,

SO DASS ICH MICH FRAGE,

WARUM MICH SCHELTEN?

MACHEN SIE MIR DOCH BEWUSST,

WO MEIN GRÖSSTES GLÜCK.

MIT DIR, ICH GEB DIR EINEN KUSS,
KOMMT GUTE LAUNE BALD ZURÜCK.
DER FÄHRMANN

8:00 UHR – SIE WARTEN SCHON,
DIE BLECHLAWINE, MENSCHEN ZU FUSS.
AUF DEM WEG ZUR FRON,
VON JEDEM NUR EIN KNAPPER GRUSS.

WIND FEGT ÜBER DIE ELBE,
FEUCHT IST ES UND KALT.
JEDEN MORGEN DASSELBE,
FUSSGÄNGER SUCHEN HALT.

IN DEN AUTOS WIRD GEGÄHNT,
DIE NACHT WAR VIEL ZU KURZ,
HAB ICH SCHON ERWÄHNT
DEN LETZTEN BÖRSENSTURZ?

NICHT UM DIESE ZEIT,
VERSCHON MICH BIS SPÄTER, BITTE!
DANN BIN ICH VIELLEICHT BEREIT,
UND WIEDER IM TRITTE.

SIE FAHREN DIE SCHEIBEN RUNTER,
GRAD MAL SO WEIT WIE NOT,
REICHEN DAS FÄHRGELD DRUNTER,
DAS WEGZUFLIEGEN DROHT.
DER MORGEN PEITSCHT IHNEN INS GESICHT,
WIE NASSE LAPPEN.

LUST HABEN DIE MEISTEN NICHT,

DAS LEBEN IST KEIN LEICHTER HAPPEN.

MIR IST ES EIN GLÜCK,

ICH LIEBE DIE ELBE,

FAHR HIN UND ZURÜCK

TÄGLICH — IMMER DASSELBE

ICH LIEBE DIE VERLÄSSLICHKEIT.

WIND, WASSER, DIE FAHRGÄSTE, ICH.

BIN IMMER BEREIT,

HIER FINDEST DU MICH.

20:00 UHR — DAS LETZTE MAL HIN UND ZURÜCK.

EIN EINZIGES AUTO WARTET.

DER FAHRER STARTET,

KOMMT AUF DAS BOOT, ZUR LETZTEN FAHRT INS GLÜCK.

DIE RICHTUNG BESTIMMST DU

WAS MACHT DEIN LEBEN AUS?
WOHIN SOLL ES GEHEN?
WAS MACHST DU DRAUS?
KANNST DU DICH SEHEN?

ZUFRIEDENHEIT WÄR SCHÖN.
NICHT NACH DEN STERNEN STREBEN,
NUR AUF SICH SELBER SEHEN,
GERN ANDEREN WAS GEBEN.

BESCHEIDENHEIT WÄR GUT.
NICHT IMMER MEHR ZU WOLLEN,
WÄR MAN DOCH AUF DER HUT,
ALLEIN DEM SEIN DANKBARKEIT ZU ZOLLEN.

EHRLICHKEIT WÄR RICHTIG.
NICHT DIE WAHRHEIT ZU VERBIEGEN,
WAS GESTERN WAR IST NICHTIG,
NEUER MUT KANN SIEGEN.

LIEBE WÄRE WUNDERBAR.
NICHT MÄKELN UND MONIEREN,
DENN EINS IST SONNENKLAR,
MAN KANN SIE AUCH VERLIEREN

Das Weib

Juhu, juhei,
welch Badespass!
Eins, zwei, drei
so krass!
Spiele mit dem Wasser-Ball,
flanier entlang den Strand,
wo von Fall zu Fall
ein Mitspieler sich fand.
Trage meinen Hut spazieren,
wiege meinen Arsch,
spüre Männeraugen gieren,
der Fischer fängt den Barsch.
Körperkultur,
Sonnenbaden,
hoffe dringend nur
alles ohne Schaden.
Wenn der Sommer erst hinüber
ist das maillot de bain sehr über.
Dann werde ich mit meinen Reizen
trotz alledem nicht geizen.
Denn einem echten Rasseweib,
die Selbstdarstellung immer bleibt.

DEIN LEBEN MEINT ES GUT MIT DIR

UNSINNIG IST SIE, DIE ANGST
WAS DU KANNST, DAS ÄNDERST DU
NICHT NÖTIG, DASS DU BANGST,
WAS DU NICHT ÄNDERN KANNST, KOMMT AUF DICH ZU.
ANGST NIMMT DIR KRAFT
SIE TÖTET MUT
SIE SCHAFFT,
SORGE, DIE FÜR DICH NICHT GUT.
VERTRAU AUF DEIN LEBEN,
DAS ES GUT MIT DIR MEINT,
WIRD DIR ALLES GEBEN,
AUCH WENN'S IM MOMENT ANDERS SCHEINT

DER ALP

ANGST NIMMT DIR DEN MUT ZU LEBEN,
BINDET DEINE GANZE KRAFT
ES WIRD NICHTS MEHR GEBEN,
DAS DIR FREUDE SCHAFFT.
SIE FRIERT DEIN HERZ DIR EIN,
LÄHMT ALL DEIN TUN.
WAS KANN SCHLIMMER SEIN,
ALS NIMMERMEHR ZU RUHN?

SIE RAUBT DEN SCHLAF DIR JEDE NACHT,
DER ALP SETZT SICH AUF DEINE BRUST.
DASS ER DICH UM DEN SCHLAF GEBRACHT,
IST IHM GROSSE LUST.
ER IST DER BÖSE SOHN DER ANGST,
DICH ZU STÖREN IST SEIN ZIEL
DASS AN PHANTASIE DU KRANKST,
BEDEUTET IHM SEHR VIEL.
GIB DEN BEIDEN KEINE MACHT,
LASS DIR DEIN LEBEN NICHT VERDERBEN.
STOPP ! – DAS WÄRE DOCH GELACHT
BEVOR ES GEHT IN SCHERBEN.
ANGST MACH KEINEN SINN,
SONDIERE DAS PROBLEM
GIB DICH NICHT VORSTELLUNGEN HIN,
SCHER AUS AUS DEM SYSTEM.

ANGST KANNST DU BESIEGEN

SIE VERBREITET GERNE SCHRECKEN,
WILL DICH BEZWINGEN,
WILL DUNKLE GEDANKEN IN DIR WECKEN,
BESCHÄFTIGT SICH MIT SCHLIMMEN DINGEN,
WILL, DASS DU BANGST,
DASS DIR DAS HERZ GEFRIERT,
EIN ÜBLES DING IST SIE, DIE ANGST,
WENN MAN GEGEN SIE VERLIERT.

NIMM IHR DEN SCHRECKEN,
GLAUBE FEST DARAN,
DASS DU PROBLEME LÖSEN KANNST.
MUSST ALL DEINE KRÄFTE WECKEN,
STEHN ZU DIR, WIE TAUSEND MANN.
LACH IHR IN DIE FIESE FRATZE,
WILLST NICHT ÄNGSTLICH SEIN,
SCHLEICH DICH RAN WIE EINE KATZE
SOFORT BRICHT SIE EIN.
ANGST KANNST DU BESIEGEN,
GUTE LAUNE KRIEGEN,
GLAUBE NUR AN DICH
UND DIE ENGEL, DIE DICH LEITEN
DIE ANGST AN SICH
HAT AUCH IHRE GUTEN SEITEN.
GEMAHNT SIE DOCH ZUR ACHTSAMKEIT,
DARUM SEI AUCH DU BEREIT,

SIE MIT OFFENEM OHR ZU HÖREN
OHNE DEINEN MUT ZU STÖREN.
DAS MEER DES LEBENS.

DU SCHAUST VOM BALKON.
HINTER DIESIGER WOLKENDECKE
WARTET DIE SONNE SCHON.
DUNST ÜBER DEM MEER,
NUR ZU DEM ZWECKE,
AUFZUSTEIGEN MIT DEM MORGEN.
DU WÜNSCHST DIR SEHR,
DASS KUMMER UND SORGEN
MIT DEM DUNST VERFLIEGEN.
IMMER TOST DIE SEE,
ENDLOS ROLLEN DIE WELLEN
TÄLER UND BERGE OHNE SCHNEE
LASSEN TAG UM TAG DES LEBENS ZERSCHELLEN.
DU SCHAUST AUF DEN ROLLENDEN OZEAN,
GEDANKEN KOMMEN UND GEHEN.
DANN UND WANN
KANNST DU SCHON DIE SONNE SEHEN.

DAS LEBEN

LEBEN IST GEBEN
IN TRÄUMEN SCHWEBEN
AUF WOLKEN GEHEN,
DEN HIMMEL SEHEN.

LEBEN IST EINSTECKEN,
WÜNSCHE WECKEN,
HILFE NEHMEN,
SICH NACH SICHERHEIT SEHNEN.
LEBEN IST RISIKO
DARUM SEI FROH
WENN DU ES EINIGERMASSEN IM GRIFF
AUF DEN WELLEN ÜBER DEM RIFF.

MAL BIST DU UNTEN, MAL BIST DU OBEN
WETTER LASSEN ES TOBEN
DRUM HALTE DICH FEST AM MAST,
GENIESSE, SOLANGE DU ES HAST

Carpe diem

Positiv denken
jeden Augenblick
keinen Schritt zurück
Liebe schenken

Das Wichtige erkennen
Bla-Bla aussortieren
schwer zu kapieren
nicht hinterher zu rennen

Trends sind nicht meins
will mich nicht fügen
nicht mit dem Strom fliegen
als Motto meines Seins

Meinen eigenen Weg gehen
mit Toleranz und Liebe
gern bliebe
ich bei dir stehen

CARPE DIEM, 2

KANNST DU GEHEN
OHNE DICH UMZUSEHEN?
KANNST DU DEIN LEBEN BEENDEN
OHNE ZU DENKEN
„HÄTT ICH NUR.."?
BRENNST DU AN BEIDEN ENDEN,
KANNST DU LIEBE SCHENKEN
UND HOFFNUNG PUR?
CARPE DIEM, NUTZ' DEINE TAGE
FREUDE UND SORGE HALTEN DIE WAAGE
DIR IST BEWUSST,
JEDER KANN DER LETZTE SEIN
JEDER TAG GENUSS
JEDER EINZELNE IST DEIN.

CARPE DIEM 3

LEBE JETZT
DENK NICHT AN MORGEN
LEBEN FETZT
VERGISS DIE SORGEN
WER SEINE TAGE NICHT GENIESST,
DEM DAS LEBEN DURCH DIE FINGER FLIESST.
WER NUR AN MORGEN DENKT,
VERSÄUMT DAS HEUTE,
LEBEN IST GESCHENK
HATTE GEHOFFT, DASS ES DICH FREUTE!

BLAH

MENSCHEN DENKEN

„ DENKEN MENSCHEN?"

MANCHE SCHENKEN

KAUM GEDANKEN

SCHWANKEN

VON MEINUNG

ZU MEINUNG

LASSEN SICH LEITEN

VON PLATITUDEN BEGLEITEN

PLAPPERN IRGENDWAS

WAS SOLL DAS?

MENSCHEN REDEN

OHNE VIEL ZU SAGEN.

BEREDEN JEDEN

MANCHE KLAGEN.

KONVERSATION,

BLA-BLA

DU AHNST ES SCHON-

FERN UND NAH.

GIBT ES WAS ZU SAGEN?

DANN SOLLTEST DU ES WAGEN

BIN ICH ZU LAUT?

AUF DEM PARKPLATZ BASSGETÖN
EIN VOLKSFEST? OH WIE SCHÖN!
IRRTUM, NUR EIN WEISSER WAGEN,
BREITE REIFEN, DICKER KRAGEN,
SOUNDVERSTÄRKER IST ZU SEH'N!
DER TYP, DER AUSSTEIGT,
JOGGINGHOSE, CAP VERKEHRT RUM
GANG WIE DICKE HOSE
DA IST EINER SEHR GENEIGT
UND KOMMT NICHT DRUM HERUM,
DASS ER IHM EINEN VOGEL ZEIGT.

ANTRIEBSLOS

HEUTE SIND WIR ANTRIEBSLOS.

ZU ALLEM FEHLT DIE LUST.

WAS IST DAS BLOSS?

EIN DERART MÜDER TAG BRINGT FAST SCHON FRUST.

SELBST DER SPAZIERGANG DURCH DEN PARK

KANN DARAN WENIG ÄNDERN.

BEIDE FÜHLEN WIR GANZ STARK

WÄHREND WIR DA SCHLENDERN,

EIGENARTIGE ERSCHÖPFUNG.

LEBEN KANN NICHT IMMER HIGHLIGHT SEIN,

OBWOHL DAS VÖLLIG KLAR,

STEIGERT MAN SICH SINNLOS REIN

- IST DAS NICHT SONDERBAR?

Anders

Anders sind wir alle,
jeder auf seine Art,
die einen klug und weise,
andere distanzlos oder tumb.
Manche äusserst leise,
andere vielleicht plump.
Tolerant und weltgewandt
oder eng im Denken,
halten auf die Hand
oder neigen zum Verschenken.
Es ist wie es ist,
so oder so.
Wie du auch bist,
sei froh,
wenn du nicht zu naiv
oder sogar kindlich glaubst,
wenn dein Traum nicht schief,
dir den Schlaf nicht raubt.
Ein schlechter Berater ist die Angst
vor dem, was du nicht ganz verstehst.
Nicht nötig, dass du bangst
oder auf Abwehr gehst.
Zeige, was es meint,
so zu sein wie du.
Auch wenn's anders scheint,
sei sicher, jemand hört dir zu.

ALTERSGEMÄSS?

„ALTERSGEMÄSS", WAS BEDEUTET DAS?
ICH KANN MICH SCHWER EINLASSEN,
DIESEN BEGRIFF KAUM ERFASSEN.
NACH WESSEN MASS
RICHTET SICH DAS?
WER GIBT DIE NORM,
DIE MENSCHEN BESTIMMT,
FIXIERT DIE FORM,
DIE FRAUEN DIE FREIHEIT NIMMT,
SICH FREI ZU ENTFALTEN
VÖLLIG ALTERSLOS
IHR DASEIN ZU GESTALTEN?

DAS LEBEN IST SOWIESO
MEISTENS ZU ERNST.
DRUM SAG MIR, WO
STEHT GESCHRIEBEN,
WAS ICH ANZIEHEN DARF,
WO WIRD BESCHRIEBEN,
OB MEINE KLEIDUNG ZU SCHARF?

„ALTERSGEMÄSS", WER NIMMT SICH DAS RECHT,
ANDERE EINZUENGEN,
ZU SAGEN „DAS IST SCHLECHT",
SIE IN EIN KORSETT ZU ZWÄNGEN,
IN DEN KÄFIG DER MORAL ZU SETZEN,
WEIL SIE MUTIG SIND

UND NORMEN VERLETZEN!
DAS LEBEN IST OFT FAD,
NICHT JEDER TAG EIN GEWINN.
UND DOCH WÄRE ES SCHAD',
DEN SINN
IN DER NORM ZU SUCHEN,
AM SO GENANNTEN „NORMALEN" FESTZUMACHEN.
ICH WERDE NICHT FLUCHEN,
FIND'S EHER ZUM LACHEN.

„ALTERSGEMÄSS", WER SAGT, WAS ICH DENKEN,
TUN ODER LASSEN SOLL?
VORSCHRIFTEN KANNST DU DIR SCHENKEN,
ICH FIND'S TOLL,
DASS ICH KLUG BIN UND DENKEN
GEWOHNT,
DASS ICH KREATIV BIN
UND BETONT
AUF MEINEN EIGENEN SINN
SCHAUE,
BEVOR EIN ANDERER ES TUT.

DAS LEBEN IST NICHT IMMER NETT,
GESUNDHEIT NICHT JEDEM GEGEBEN.
MANCHE WERDEN FURCHTBAR FETT,
ANDERE WOLLEN NICHT LEBEN.
ABER JEDER HAT DIE MÖGLICHKEIT,

DAS BESTE DRAUS ZU MACHEN.
MANCHEN FÜHRT DAS NICHT SEHR WEIT,
DOCH WÄRE ES ZUM LACHEN,
WENN ER ES NICHT VERSUCHT.

„ALTERSGEMÄSS", HEISST DAS,
MIT 60 HAB ICH DAS MASS
DESSEN ERREICHT,
WAS MIR SEHR SEICHT
ALS ÄLTERE ZUGESTANDEN WIRD?
DA KOMMEN FRAGEN:
WIE OFT IST SEX ANGEMESSEN?
WIE VIEL DARF ICH ESSEN?
WAS DARF ICH LESEN?
WELCHES WESEN
AN MEINER SEITE DULDEN?
IST ES WOMÖGLICH SEINER JUGEND ZU SCHULDEN,
DASS ER NICHT ERMESSEN KANN,
DASS ER FÜR EINE „ALTE" WIE MICH DER FALSCHE MANN?

DIESES LEBEN IST MEINS!
ICH MACH, WAS ICH WILL.
JEDER LEBT SEINS
UND GANZ OHNE DRILL
KANN JEDER ENTSCHEIDEN,
AUCH DER ÜBER 20 IST,
WAS ZU VERMEIDEN
ODER WAS MIST.
FREUDE UND GLÜCK SIND DAS EINZIGE ZIEL

IN DIESEM SPIEL,

DAS, WIE JEDER WEISS,

„LEBEN" HEISST.

„ALTERSGEMÄSS", HEISST DAS,

DASS ANDERE MIR SAGEN, WAS MIR NOCH ZUSTEHT,

WAS

IN MEINEM ALTER NOCH GEHT?

MIR STRÄUBT SICH DAS NACKENHAAR,

MERKE, WOHER DER WIND WEHT.

FÜRWAHR,

GILT EMANZIPATION WOMÖGLICH

NICHT NUR FÜR FRAUEN,

— WER KANN SICH DAS TRAUEN —

SONDERN AUCH FÜR ALTE?

DAS LEBEN SOLLTE JEDEM,

OB ER DREI IST ODER ACHTZIG,

ALLES GEBEN

WAS ER BRAUCHT.

SOLLTEN WIR NUR DIESES EINE HABEN,

BLEIBT UNS KEINE ZEIT,

AUF AUSGELATSCHTEM WEG ZU TRABEN.

ALSO SEI BEREIT,

DISTANZIER DICH VON AUSSAGEN

WIE „NICHT ALTERSGEMÄSS".

DU DARFST ES WAGEN,

EINFACH „DU" ZU SEIN.

ÄLTER WERDEN?

WAS WIR FRÜHER LEICHTER NAHMEN,
FÄLLT HEUT STÄRKER INS GEWICHT.
WENN WIR SPÄT NACH HAUSE KAMEN,
STÖRTE UNS DAS NICHT.
MIT 60 FÜHLT SICH'S ANDERS AN.
DANN UND WANN,
IST EIN SCHLÄFCHEN ANGEBRACHT.
UND GANZ SACHT
ERHOLT MAN SICH DANN WIEDER.
WIR MÜSSEN AUF UNS ACHTEN.
AUF UND NIEDER,
NACH AUSGLEICH TRACHTEN.
SEHN WIR AUCH ZEHN JAHRE JÜNGER AUS,
FÜHLEN UNS FIT UND SEHR GESUND,
KEHREN UNSERE FITNESS RAUS,
GEHEN DER FRAGE AUF DEN GRUND,
WAS WIRD JETZT NOCH KOMMEN?
WAS KANN ICH NOCH LEISTEN?
ANGENOMMEN,
DIE MEISTEN
DENKEN SO.
WO
SIND DIE, DIE ÄLTER WERDEN,
DIE SICH TRAUEN,
IHRE LETZTEN JAHRE
IN EHREN ZU VERTROTTELN,
UND AUF DER BAHRE - LÄCHELN?

ALLTAG

EIN JEDER TAG IST NEU
— OBWOHL —
ICH FINDE NICHTS DABEI,
WENN ALLTAG EINKEHRT
IN UNSERE BEZIEHUNG.
GANZ UNBESCHWERT,
GANZ OHNE VERRENKUNG
NEHME ICH IHN HIN
DEN LAUF DER DINGE
UND ICH BIN
SO, ALS FINGE
JEDEN TAG ETWAS NEUES AN,
GESPANNT,
WENN ICH DANN UND WANN
GEBANNT
AUF UNS SCHAUE.
ICH BAUE
AUF UNSERE LIEBE.
ICH HOFFE, SIE ENTWICKELT SICH
UND ES BLIEBE
FÜR DICH UND MICH
NUR DER WEG GEMEINSAM.
DABEI DEN ANDEREN NICHT VERGESSEN,
WIR SIND NICHT EINSAM,
ABER ES WÄRE VERMESSEN,
UNAUFMERKSAM ZU SEIN.
LIEBE IST NICHT SELBSTVERSTÄNDLICH.

VOLL ACHTUNG AUF DEN ANDEREN EINGEHEN,

NICHT JEDER NUR SICH

SELBER SEHEN,

MIT NACHSICHT DIE FEHLER DES PARTNERS VERZEIHEN,

SIE SOGAR LIEBEN,

NUR SO KÖNNEN SIE GEDEIHEN,

SO BLIEBEN

LIEBE UND ALLTAG

EIN ERTRÄGLICHES PAAR,

DAS ICH MAG

ÜBER JAHR UND JAHR...

ALLTAG, EINE KUNST

ALLTAG

IST NICHT DAS, WAS JEDER MAG.

SCHLEICHT SICH IN DEIN LEBEN,

HÄLT DICH AM BODEN FEST.

VERHINDERT MANCHES SCHWEDEN,

SCHEINT GERNE WIE DER REST.

ALLES SCHON BEKANNT,

DAS MEISTE SCHON MAL DAGEWESEN,

HAST DU DICH VERRANNT,

Den Hinweis falsch gelesen?
Wo sind Highlights, wo die Abenteuer?
Was ist bekannt, was scheint dir neuer?
No Events, was kommt dafür?
Steht Langeweile vor der Tür?

Erwarte nicht von andern,
dass sie das Tal für dich durchwandern.
Mach Wohlbefinden nicht zum Rest,
es liegt an dir ob jeder Tag in deinem Leben
dich langweilt oder wird zum Fest.
Alltag ist nicht grau,
wenn er dir bewusst,
wenn du schaust genau,
wohin du schauen musst.
Der Mensch an deiner Seite,
Freunde auch dazu,
das ist Leben in seiner ganzen Breite
und mittendrin stehst du.
Ohne Tiefen keine Höhen,
ohne Stillstand kein Voran.
Kann man das so sehen,
ist man glücklich dran

AHNUNG

AHNUNG, MYSTIK, MENETEKEL
UNERFORSCHT UND ZWEIFELHAFT
SCHWANT DIR ETWAS, MACHT DIR EKEL,
WAS UNRUHE UND ANGST DIR SCHAFFT.
WAS WIRD KOMMEN,
WAS DROHT BALD?
GANZ BEKLOMMEN
MACHST DU HALT,
GEHST IN DICH
HÖRST HINEIN
VERGEBLICH—
KANNST DICH NICHT BEFREIEN.

DIE RÄBIN

SCHWARZ UND GLÄNZEND IHR GEFIEDER,
KLUG UND WEISE UND SEHR ALT,
LÄSST SICH AUF DEM DACHE NIEDER
DU HÖRST SIE SCHON SEHR BALD.
MIT KLUGEN AUGEN SCHAUT
SIE HERAB ZU DIR
DIR GEHT DER BLICK DURCH DEINE HAUT
FÜHLST DICH EINS MIT IHR.
SIE KOMMT AUS ALTEN ZEITEN
BEHERBERGT GROSSES WISSEN
DU SPÜRST DIE UNENDLICH WEITEN
GEDANKEN, MÖCHTEST SIE NICHT MISSEN.

EINE RÄBIN UNTER TAUBEN
BIST DU SELBER AUCH
LÄSST GERN ALLE GLAUBEN
DU TEILTEST IHREN BRAUCH.
DABEI BIST DU EINSAM,
WIE DIE RÄBIN EINSAM IST,
WIE ES WOHL KAM,
DASS DU SO ANDERS BIST?
HINEINGEWORFEN IN DIE TAUBENSCHAR,
MIT IHNEN RUMGEFLOGEN
UND DOCH IST KLÄGLICH WAHR,
FÜHLST DICH NICHT HINGEZOGEN.
LIEBER ALLEIN AM WEITEN HIMMEL
LIEBER NUR DU MIT DIR,
ALS TAUSEND TAUBEN IM GEWIMMEL
DU SPÜRST, DU BIST DIE ANDERE HIER.

ZWEI RÄBINNEN

RABENFRAU , WUNDERBAR
BEWUNDERNSWERT, SO SCHÖN UND KLAR
SCHILLERND IHR GLANZ
ELEGANT DER TANZ
APART UND GRAZIL
WELCH SPANNENDES SPIEL!
KLUG UND WEISE,
HÖCHST AUFMERKSAM
ZIEHT SIE KREISE
WO SIE KANN.

FANTASIEVOLL, HINTERGRÜNDIG
WARD SIE FÜNDIG
EINE RABENFREUNDIN
KLUG UND SCHÖN
— UND SÜNDIG
SEELENVERWANDT,
MIT FEINEN SINNEN
EINANDER ERKANNT

— ZWEI RÄBINNEN

DER SCHWARZE VOGEL

EIN VOGEL, SO SCHWARZ WIE DIE NACHT
DAS GEFIEDER SO GLÄNZEND UND SCHÖN
AUF DEN ERSTEN BLICK FAST UNSCHEINBAR.
DAS BESONDERE NICHT ZU SEHEN.
SICH GEDANKEN MACHT
SO KLAR,
SO KLUG UND WEISE
ERHEBT ER SICH AUF BREITEN SCHWINGEN.
MEIST GANZ LEISE
ER WEISS — ER MUSS NICHT SINGEN.

Ich?

Nur ein Gefühl, nur ein Gedanke
Warum bin ich so allein?
Ich gehöre nicht dazu
Spreche zwar der anderen Sprache,
doch sie ist nicht mein.

Ich irre und ich schwanke
und im Nu
sind alle fort,
meine Gedanken, an anderem Ort.
Freude kommt bei mir nicht an,
ich sehe anderen zu,
wie das geht, so dann und wann.
Will ich gar nichts wollen?
Muss ich nichts mehr müssen?
Was sollte ich wissen,
um zu sehen,
zu verstehen,
was wirklich mein, was ich?
Was muss ich tun
mir zu gestehen,
was von Bedeutung,
was der Sinn in meinem Leben.
Eine schwarze Räbin unter lauter Tauben,
was bedeutet das, was soll ich glauben?

SO KLAR WIE WASSER

WASSERTROPFEN
DIE AN DEIN FENSTER KLOPFEN,
VERÄNDERN SICH
IN IHRER FORM
WIE DU AUCH DICH
JENSEITS DER NORM

DURCHSICHTIG, KLAR
GANZ PUR
EHRLICH UND WAHR
DABEI KEINE SPUR
KOKETT
WIE NETT

WÄR DOCH ALLES IM LEBEN
SO KLAR WIE DU
ES KÖNNT VIEL SCHÖNES GEBEN
UND DAZU
DIESE WASSERTROPFEN,
DIE AN DIE SCHEIBE TROPFEN..

Der Geburtstag

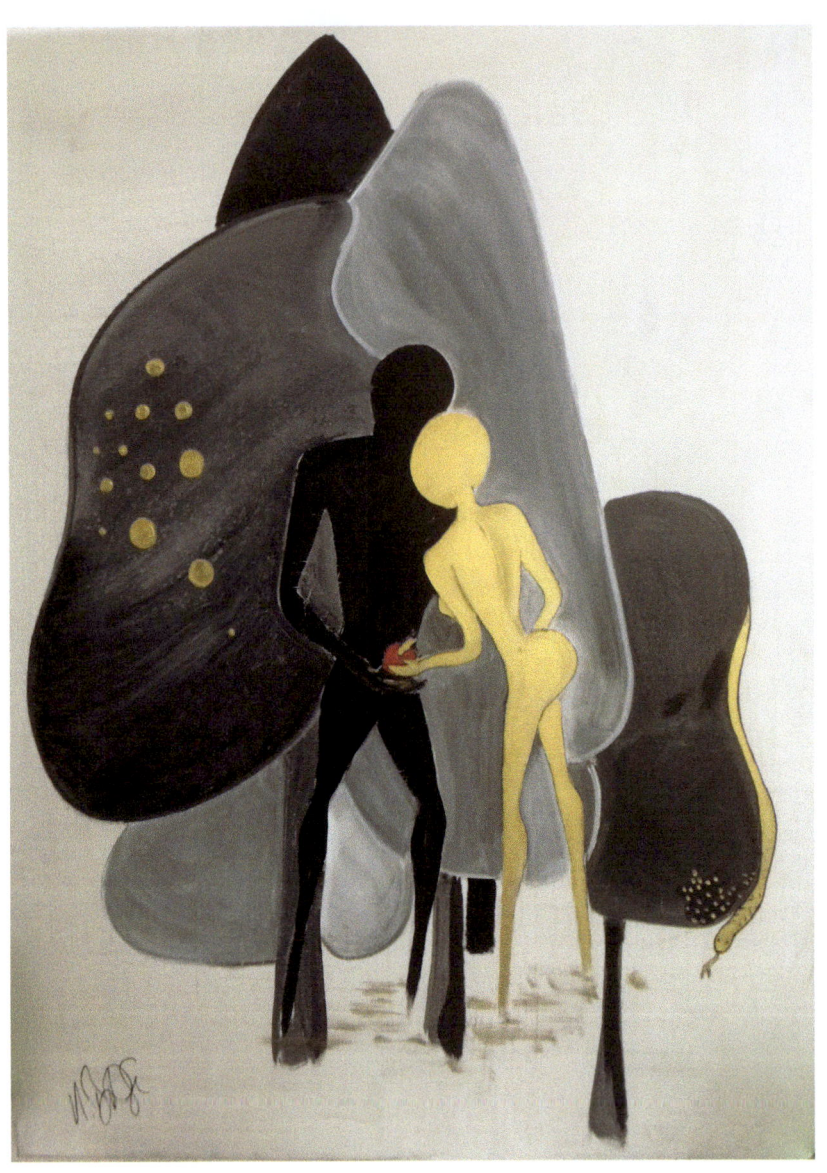

134

GLÜCK

EIN KIND IST EUCH GEBOREN.
NASE, MUND UND OHREN,
ALLES DRAN UND WINZIG KLEIN,
ALABASTERHAUT — SO FEIN.
DAVID BESIEGTE GOLIATH.
AUCH EUER SOHN HAT
DIESE MACHT.
AUCH WENN IHR HEUTE DRÜBER LACHT.
SCHAUT IHN GENAU AN,
GENIESST JEDEN AUGENBLICK
DENN IRGENDWANN
EIN BLICK ZURÜCK
UND IHR STELLT FEST
ER MACHT JETZT ABITUR.
GRAD FIEL ER DOCH IN UNSER NEST —
WOHIN SIND ALL DIE JAHRE NUR?
GENIESST STUNDEN UND MINUTEN,
LERNT VON IHM, WAS ER EUCH LEHREN KANN.
NICHT NUR DIE GUTEN
ZÄHLEN IRGENDWANN.
DIE SUMME ALLER TAGE,
DIE IHR MIT EUREM KIND VERBRINGT,
FÄLLT IN DIE WAAGE
DIE DAS GLÜCK BEDINGT.
NICHT GUT, NICHT GELD,
NICHT HABEN ODER SEIN
ZÄHLEN AUF DIESER WELT,
NUR DIE KINDER, SEIN SIE AUCH NOCH SO KLEIN.

GEBURTSTAG IST MÄNNLICH

SCHON WIEDER EINER!
GEBURTSTAG IST MÄNNLICH,
HEUTE DEINER,
ZEIT IST VERGÄNGLICH.
WIE JEDER WEISS,
ZEIT IST WEIBLICH,
VERGEHT SO DREIST,
OB DU WILLST ODER NICHT.
DU KANNST SIE NUTZEN,
ODER VERGEHEN LASSEN.
ERINNERUNGEN PUTZEN
ODER VORSÄTZE FASSEN.
ZEIT, UM NACHZUDENKEN.
WEM AUFMERKSAMKEIT SCHENKEN?
WOHIN SOLL ES GEHEN,
DEIN KOMMENDES JAHR?
WAS WILLST DU SEHEN,
WAS WIRD WAHR?
DER GEBURTSTAG RÜTTELT WACH,
FRAGST DICH, WO DAS GUTE, WO DAS „ACH".
WOHIN TREIBT DIE NEUGIER DICH,
NUTZT DU DIE ZEIT, DEIN LEBEN AN SICH?
IMMER KOSTBARER WIRD SIE, DIE ZEIT,
IMMER SCHNELLER VERGEHEN DIE TAGE.
ES SCHEINT, DASS NIEMAND GEFEIT,
KEINE FRAGE.

Zum 65.

Morgen bin ich 65 Jahre
Ob ich dann erfahre,
wie sie sich anfühlt, all die Zeit?
Ist es dann vielleicht soweit
dass ich glaube, was im Pass steht,
was mir bis heut nicht in den Kopf geht?

Sechs mal zehn plus zwei plus drei
bin ich schon dabei
zu lernen, zu begreifen, zu verstehen,
dass alle nur durch dieses Leben gehen.
Durch es hindurch, Minuten, Stunden, Tage,
wenn's passt, hält sich die Waage,
was uns Pech und was uns Glück.
Es gibt keinen Weg zurück!
Nicht die Chance, zu korrigieren,
was wir falsch gemacht,
nicht in Kladde ausprobieren,
und dann drüber totgelacht.
Jedes Jahr zu diesem Tag
mache ich die Summe auf.
Nicht geklagt,
setz noch eins drauf!
Die Summe all des Unsinns,
den ich im vergangenen Jahr verbrochen.
Unterm Strich hat der Gewinn,
der guten Taten sich verkrochen.

WILL SAGEN, AUCH IM HOHEN ALTER
WERDE ICH NICHT KLUG.
EIN GEDANKE, EIN GANZ KALTER
ES IST AUCH SCHWER GENUG!
NUN IST ES ALSO DOCH SOWEIT.
ICH BIN NE ALTE FRAU.
ICH STELLE MICH, ICH BIN BEREIT,
IHN IN MEINEM SCHLEPPTAU,
HERBST UND WINTER MEINES LEBENS
WENN NÖTIG AUCH MIT SANFT RADAU
IN RUHE ZU VERTROTTELN.
GENUG DES UNSINNIGEN STREBENS
NACH RUHM, ERFOLG, EHRBEBEN.
LASS UNS AUF UNSERE ALTEN TAGE
JEDEN EINZELNEN GENIESSEN.
KEINE FRAGE,
DIE IDEEN SPRIESSEN.
LANGEWEILE WIRD ES NICHT GEBEN,
IN DIESEM LEBEN.

61

61 WIRST DU HEUT.
WIE HÖRT SICH DAS DENN AN?
WER SICH NICHT SCHEUT,
FRAGT: WIE ALT DER MANN?

BIST RANK UND SCHLANK,
AUCH OHNE HANTELBANK.
SIEHST BESSER AUS ALS MANCHER STAR,
DU BIST EINFACH WUNDERBAR.

IMMER NOCH NICHT WEISE,
NOCH SO LANGE HIN.
BIST ÜBERHAUPT NICHT LEISE,
IST NOCH NE MENGE DRIN.
MUSST NICHT WARTEN, KEINE BANGE,
BIS DAS LEBEN ANFÄNGT.
DEINS IST SCHON IN VOLLEM GANGE
AN TAUSEND FÄDEN HÄNGT.

BIST GUT GELAUNT,
NEUGIERIG AUF DEIN LEBEN.
MANCHER STAUNT,
WIE VIEL DU HAST ZU GEBEN.

BIST LIEBEVOLL UND HAST HUMOR,
VIELLEICHT MEHR NOCH
ALS JE ZUVOR.

DAS FREUT MICH DOCH!

BRAUCHST KEINE FLÜGEL,
UM EIN ENGEL MIR ZU SEIN.
GANZ OHNE ZÜGEL
BIST DU MEIN.

BIST MIR GESANDT,
WEIL JEMAND FAND,
DASS ICH DICH BRAUCH'
UND DU MICH AUCH.

GEBURTSTAGSSCMAUS
,
ICH WEISS GENAU,
ÜBER UNS DER HIMMEL BLAU
WER HÄTTE DAS GEDACHT?

HEUTE GEHEN WIR DINIEREN
NUR ZU ZWEIT,
GAR NICHT WEIT,
WERDE DICH KUTSCHIEREN.

DAHIN, WO DIE ENGEL ZU HAUSE,
SCHAUKELN IN DER KLEINEN KLAUSE,

DORT, WO DIE SPEISEN KÖSTLICH SCHMECKEN
WIRST DIR DEINE FINGER LECKEN.

LASS UNS DIESEN TAG GENIESSEN,
ZUSAMMEN GANZ BEWUSST.
LASS UNSERE TRÄUME SCHIESSEN
FREI NACH IHRER LUST.

WIR WOLLEN UNS ÜBER DAS LEBEN FREUEN,
DANKBAR SEIN,
DASS WIR ZU ZWEIEN.

60 !

IST MAN JETZT ALT GENUG
DAS LEBEN ZU VERSTEHEN?
IST MAN NUN WEISE ODER KLUG,
DEN RICHTIGEN WEG ZU GEHEN?
ODER GANZ IM GEGENTEIL
MUTIG, WEIL
ALTER AUCH VON SCHEU BEFREIT?
GIBT MAN ZURÜCKHALTUNG AUF,
GEHT NOCH MAL AUFS GANZE?
PFEIFT MAN DARAUF
BEI FLOTTEM TANZE,
WAS ANDERE ERWARTEN?
MANCHE SITZEN AUF DER BANK,
ANDERE GRABEN IM GARTEN,

DRITTE TURNEN SICH SCHLANK.

MANCHER BESUCHT DIE UNIVERSITÄT,

DENN FÜRS LERNEN IST ES NIE ZU SPÄT.

IST MAN NOCH EINMAL

ZUM AUFBRUCH BEREIT

ODER NICHT DAVOR GEFEIT,

DASS DAS LEBEN SCHAL?

JEDER IST SEINES LEBENS ARCHITEKT.

LÄSST SICH TREIBEN ODER LEBT,

WAS JETZT NOCH IN IHM STECKT,

58

KLINGT RECHT GÜNSTIG,

WENN MAN BEDENKT,

DASS MAN DIR SCHENKT

58 ROTE ROSEN.

DREHTEST DU DIE ZAHL HERUM,

WÄRE SCHON GANZ VIEL ZEIT UM.

LEBENSZEIT —

NOCH GANZ WEIT,

VOR DIR.

AKTIV, INTERESSIERT UND KLUG,
HÜBSCH UND SYMPATHISCH GENUG,
UM FÜR VIEL WENIGER DURCHZUGEHEN.
JEDER KANN ES SEHEN,
SO BIST DU.

ALS OMA EIGENTLICH ZU JUNG,
IMMER AUF DEM SPRUNG.
HEUTE AUSNAHMSWEISE IM GARTEN
WARTEN
DEINE GÄSTE AUF DICH.

FAMILIE, DIE KINDER, DEIN MANN,
JEDER KANN
AUF DICH ZÄHLEN.
DU MUSST DICH NICHT QUÄLEN,
HEUTE BIST DU EINMAL DRAN.
SEI DIR BEWUSST,
DU MUSST
IMMER GUT FÜR DICH SORGEN,
WENN MORGEN
EIN NEUES LEBENSJAHR BEGINNT.

GENIESS' DEINE ZEIT,
ALLZEIT BEREIT,
NEUES ZU ERLEBEN,
ETWAS WIRD ES IMMER GEBEN

FÜR DICH.

IN ZUFRIEDENHEIT

SIEHT MANCHER NICHT GENUG.
KLUG,
WER BEREIT,
SICH MIT DEM ALLTAG EINZULASSEN.

WER GESUND UND FREI,
KANN ES KAUM FASSEN,
HAT DABEI
DAS GLÜCK, GANZ GELASSEN
NACH VORN ZU SCHAUEN.
MAN HOFFT UND BANGT, JEDOCH
MUSS MAN MUTIG SEIN.
STREBEN ZÄHLT NICHT GANZ ALLEIN,
IMMER GIBT ES ÜBERRASCHUNG NOCH!

WÜNSCHE DIR,
DASS DU ERREICHT, WAS DU ALS ZIEL
DIR HAST GENOMMEN.
JETZT UND HIER,
DENN DEIN LEBEN IST DEIN SPIEL,
SCHON MANCHEN BERG ERKLOMMEN,
HAST HÜRDEN ÜBERWUNDEN,
FREU MICH MIT DIR,
DASS DU DIE LEICHTIGKEIT GEFUNDEN,
DEIN SPIEL ZU GEWINNEN.

GEBURTSTAG

WIEDER EIN JAHR MEHR,
SEH ICH DIE WELT HEUT ANDERS?
ICH WÜNSCHE MIR SO SEHR,
DASS WEISHEIT MIR BESCHIEDEN.

LERNE ICH, AUF MICH ACHTZUGEBEN?
FÜR MICH ZU SORGEN,
BEWUSST ZU LEBEN?
ODER NUR LEBENSZEIT ZU BORGEN?
WILL NICHT WISSEN,
WAS FÜR MICH GEPLANT.
MÖCHTE NICHTS VERMISSEN,
DU HAST ES SCHON GEAHNT.
KINDLICH NAIV GLAUBE ICH,
DASS DIESES LEBEN NUR FÜR MICH
ZU MEINEN GUNSTEN LÄUFT,
AUCH WENN SICH MANCHE SORGE HÄUFT.
FÜHL MICH UNSTERBLICH
UND DOCH MANCHEN TAG URALT.
IST DAS DIE ART AN SICH,
DIE MICH ERWISCHT EISKALT?
ICH GLAUBE FEST DARAN,
DASS EINE HÖHERE MACHT
MICH UNTERSTÜTZT SODANN,
NICHT ÜBER MEINE HOFFNUNG LACHT.

146

Das Ende

ANGST

ÜBLE GEDANKEN

BEGINNEN ZU RANKEN

VERDUNKELN DIE SEELE MIR

NEHMEN DAS LICHT

IM JETZT UND HIER

LEID ICH DAS NICHT

VERSTRICKEN MICH IN TRÄUME

MACHEN MIR ANGST

BETRETE FREMDE RÄUME

DASS ES MIR BANGT

LÄHMEN MICH

VERSELBSTÄNDIGEN SICH

MUSS MICH BEFREIEN

LAUT SCHREIEN!

WILL MEIN LEBEN GENIESSEN

WILL LIEBEN UND SPÜREN

MIT WORTEN SPIESSEN

UND DARÜBER LACHEN

BLÖDE SACHEN MACHEN

WILL NICHT AN ZUKUNFT DENKEN

NICHT MEINE LEBENSZEIT VERSCHENKEN,

MIT ÜBLEN GEDANKEN,

DIE DURCH MEINE TAGE RANKEN

LASS MIR MEIN DASEIN NICHT VERSAUEN

WILL AUF HOFFNUNG BAUEN

IST DA JEMAND, DER MICH BESCHÜTZT?

BIST DU DA OBEN ?

GANZ VON FERN
LEUCHTET HEUTE EIN STERN.
HELLER ALS ALLE
BLITZT ER MICH AN.
IN DIESEM FALLE
GLAUBE ICH DRAN,
ER IST EIN ZEICHEN,
SOLL MIR WAS SAGEN.
ICH MAG NICHT WEICHEN,
ICH WILL ES WAGEN,
WILL HINEIN MICH DENKEN,
MICH LEITEN LASSEN.
GLAUBE, DU WILLST IHN MIR SCHENKEN,
KANN ES KAUM FASSEN.
FÜHL MICH IHM NAH,
SCHAU GANZ GENAU HIN,
WEISS, ER IST DA,
SAGT MIR, DASS NICHT ALLEIN ICH BIN.

WELCH GROSSES GLÜCK,
WENN UNSERE TOTEN
SCHAUEN ZURÜCK.
SIE SIND DIE BOTEN,
EINER ANDEREN WELT.
EINER WELT, DIE FRIEDLICH IST
UND KLAR,
WO DU OHNE SCHMERZEN BIST,

UND — JA,
WO NUR ERINNERUNG DEIN GESICHT,
NUR DEINE SEELE ZÄHLT.
SCHNÖDEN MAMMON GIBT ES NICHT,
NIEMAND, DER DICH QUÄLT.
ICH DANKE DIR,
DASS DU AN MICH GEDACHT.
DASS DU HEUT ZU MIR
DICH HAST AUFGEMACHT.

DER MUT-MACH-WOLF

DAS SCHLIMMSTE SIND DIE TRÄUME,
DIE MIR DEN SCHLAF RAUBEN
TREIBEN AUS WIE IRRE BÄUME
LASSEN WACHSEN PRALLE TRAUBEN.
FRÜCHTE MEINER FANTASIE
VOLL ANGST UND HORROR, STATT VOLL SAFT
ICH DACHTE — „NIE"
FEHLTE MIR DIE KRAFT
ZU LEBEN.
DIE DIAGNOSE MICH EINES BESSEREN BELEHRT.
ES NIMMT VON DIR BESITZ, DAS TIER,
ES FRISST AN DIR,
HAT DICH VERSEHRT.
BIN VOLLER WUT,
SIE TUT MIR GUT,
DANN WIEDER TRAURIG,
FÜHL MICH SCHAURIG,
STEH ICH AM ABGRUND,
WELCH TIEFER SCHLUND!
FRAG MICH, „HABEN WIR WAS FALSCH GEMACHT?
HATTEN WIR WAS ÄNDERN KÖNNEN?"
GANZ SACHT
MÖCHTE ICH BEKENNEN,
WO HABEN WIR GELOGEN,
WANN UNS SCHIER VERBOGEN,
UM SCHWIERIGKEITEN ZU VERMEIDEN,
UM NICHT AM ÄRGER UNS ZU WEIDEN.

HABEN WIR ZU VIEL VERDRÄNGT?
LEBENSZEIT MIT MIST VERSCHENKT?
WARUM TRIFFT ES DICH UND MICH?
AN SICH
DIE HILFLOSESTE FRAGE,
DIE ALLERGRÖSSTE KLAGE.
BIST FEST ENTSCHLOSSEN,
DAS TIER ZU BESIEGEN!
ES HAT GENUG GENOSSEN,
WIRD DEIN LEBEN NICHT KRIEGEN.
KOSTET ES DICH AUCH LEBENSGENUSS,
HAST DU DOCH GROSSE LUST,
IHM ZU TROTZEN,
IN DIE HÄSSLICHE FRATZE ZU KOTZEN.
ZUSAMMEN SIND WIR STARK,
UND GUT DARIN,
UNS MUT ZU MACHEN
FRAGEN UNS WOHIN,
WÜRDEN SO GERNE DRÜBER LACHEN.
ALLEIN, DAS TIER
IST EINE EINBAHNSTRASSE
SO VOLLER GIER
WIE ICH ES HASSE!

ERINNERUNG BLEIBT

GANZ VON FERN
LEUCHTET HEUTE EIN STERN.
HELLER ALS ALLE
BLITZT ER MICH AN.
IN DIESEM FALLE
GLAUBE ICH DRAN,
ER IST EIN ZEICHEN,
SOLL MIR WAS SAGEN.
ICH MAG NICHT WEICHEN,
ICH WILL ES WAGEN,
WILL HINEIN MICH DENKEN,
MICH LEITEN LASSEN.
GLAUBE, DU WILLST IHN MIR SCHENKEN,
KANN ES KAUM FASSEN.
FÜHL MICH DIR NAH,
SCHAU GANZ GENAU HIN,
WEISS, DU BIST DA,
SAGT MIR, DASS NICHT ALLEIN ICH BIN.
WELCH GROSSES GLÜCK,
WENN UNSERE TOTEN
SCHAUEN ZURÜCK.
SIE SIND DIE BOTEN,
EINER ANDEREN WELT.
EINER WELT, DIE FRIEDLICH IST
UND KLAR,
WO DU OHNE SCHMERZEN BIST,
UND — JA,

WO NUR ERINNERUNG DEIN GESICHT,
NUR DEINE SEELE ZÄHLT.
SCHNÖDEN MAMMON GIBT ES NICHT,
NIEMAND, DER DICH QUÄLT.

KÄTHE,
DU MEINE WUNDERBARE FREUNDIN,
TRAURIG, ABER AUCH
VOLLER ZUVERSICHT
VERGESS ICH NICHT,
DU BIST DA, WENN ICH DICH BRAUCH.
WIR WERDEN WIEDER ÜBER ORCHIDEEN REDEN
UND ÜBER DEN GARTEN.
WÄHREND WIR HIER AUF DEN SOMMER WARTEN,
KANNST DU DA OBEN JETZT LACHEN
UND JEDERZEIT
EIN SCHLÄFCHEN UNTER DEINEM PFLAUMENBAUM MACHEN.

DIE WÖLFIN

DAS SCHLIMMSTE SIND DIE TRÄUME,
DIE MIR DEN SCHLAF RAUBEN
TREIBEN AUS WIE IRRE BÄUME
LASSEN WACHSEN PRALLE TRAUBEN.
FRÜCHTE MEINER FANTASIE
VOLL ANGST UND HORROR, STATT VOLL SAFT
ICH DACHTE — „NIE"
FEHLTE MIR DIE KRAFT
ZU LEBEN.

DIE DIAGNOSE MICH EINES BESSEREN BELEHRT.
ICH HABE KREBS, DAS TIER,
ES FRISST AN MIR,
HAT MICH VERSEHRT.
BIN VOLLER WUT,
SIE TUT MIR GUT,
DANN WIEDER TRAURIG,
FÜHL MICH SCHAURIG,

STEH ICH AM ABGRUND,
WELCH TIEFER SCHLUND!
FRAG MICH, „WAS HAB ICH FALSCH GEMACHT?
HÄTT ICH WAS ÄNDERN KÖNNEN?"
GANZ SACHT
MÖCHT ICH BEKENNEN,
WO ICH GELOGEN,
WANN ICH MICH VERBOGEN,

UM SCHWIERIGKEITEN ZU VERMEIDEN,

UM NICHT AM ÄRGER MICH ZU WEIDEN.

HAB ICH ZU VIEL VERDRÄNGT?

LEBENSZEIT MIT MIST VERSCHENKT?

WARUM TRIFFT ES MICH?

AN SICH

DIE HILFLOSESTE FRAGE,

DIE ALLERGRÖSSTE KLAGE.

BIN FEST ENTSCHLOSSEN,

DAS TIER ZU BESIEGEN!

ES HAT GENUG GENOSSEN,

WIRD MEIN LEBEN NICHT KRIEGEN.

KOSTET ES MICH AUCH EINE BRUST,

HAB ICH DOCH GROSSE LUST,

IHM ZU TROTZEN,

IN DIE HÄSSLICHE FRATZE ZU KOTZEN.

ICH BIN STARK,

BIN EINE WÖLFIN.

GANZ AUTARK

UND GUT DARIN,

MICH DEM KAMPF ZU STELLEN.

WENN ICH ERST WIEDER GENUG KRAFT.

WERD ICH SEIN URTEIL FÄLLEN.

WER DAS SCHAFFT,

WIRD LEBEN.

GWENDOLYNN (09.04.1994 – 8.2.2015)

FAST 21 JAHRE LANG
HAST DU UNS ERFREUT
DEIN MIAUEN WAR GESANG
HAST DICH VOR NICHTS GESCHEUT
WARST EINE WINZIGKLEINE
FÜR MAINECOON VIEL ZU KLEIN,
ABER EINE FEINE,
BEZAUBERND UND GANZ MEIN.
GWENDOLYNN, GENANNT
SCHERZHAFT AUCH ELIZABETH
HAB NIE NE KATZ GEKANNT,
DIE WAR SO NETT,
DIE NIE GEKRATZT,
DIE NIE GEBISSEN,
NIE IRGENDWAS VERPATZT,
WIE WERD ICH DICH VERMISSEN!
DU LIEGST IN DEINEM KORB,
WILLST GAR NICHTS MEHR.
SIEHST SCHON DEN ANDEREN ORT,
SCHWER GEB ICH DICH HER,
BLEIBST DU DOCH BEI MIR,
WIRST DER GUTE HAUSGEIST HIER.
GESELLST DICH ZU DEN ANDERN,
DIE VOR DIR GEGANGEN SIND
UND NOCH IMMER WANDERN,
IHRE SEELEN HIER IM WIND.

3.1.15

13.01.

TOTGESAGTE LEBEN LÄNGER

BESSER GEHT ES DIR

KLEINER MAUSEFÄNGER!

DU FRISST WIEDER!

MAN KANN'S KAUM GLAUBEN,

ICH KNIE MICH ZU DIR NIEDER,

KANNST DEN NERV MIR RAUBEN.

ICH TAUF DICH UM

DIE SIEGERIN „VIKTORIA",

LÄUFST HERUM,

HOLLA, BIST WIEDER DA.

6.2.

SEIT WEIHNACHTEN BIST DU BLIND

ES IST NE QUAL

MAN DICH IN EINER ECKE FIND,

IRGENDWO IM SAAL.

8.2.

EIN SONNIGER, WUNDERSCHÖNER TAG

WIE JEDER IHN MAG

EIN TAG ZUM REISEN

FÜR DICH

ICH BIN ES DIR SCHULDIG

IN WÜRDE ZU STERBEN

HOFFS AUCH FÜR MICH

GUTE REISE!
ES IST, WIE ES IST

IST EIGENTLICH ALLES GUT,
DANN STÖREN DICH KLEINIGKEITEN.
WENN ES DANN WIRKLICH WEHTUT,
ERKENNST DU SEITEN,
DIE DEIN KÖRPER SICH NIMMT.
ER ZEIGT DIR DURCH SCHMERZ,
WO ETWAS NICHT STIMMT.
BEI EINEM DAS HERZ,
BEIM ANDEREN DAS KNIE,
JEDER HAT SEIN PÄCKCHEN ZU TRAGEN.
UND DU DACHTEST NOCH: NIE
WERDE ICH MICH PLAGEN!
FÜHLTEST DICH UNKAPUTTBAR,
MIT 30 SOGAR FAST NOCH UNSTERBLICH.
SPÄTER ABER WIRD DIR KLAR,
DASS AUCH DU VERDERBLICH.
EIN WEHWEHCHEN HIER,
EIN ZIPPERLEIN DA,
TÄGLICH GREIFT WAS NACH DIR,
WAS MAN FRÜHER NICHT SAH.
WIE SIEGFRIED DAS LINDENBLATT,
EIN JEDER EINE SCHWACHE STELLE HAT.
LERNE, DAMIT UMZUGEHEN
ODER IGNORIERE SIE,
WIRST IRGENDWIE SCHON DAZU STEHEN,
ABER VERGISS NIE,

BIST NICHT DER EINZIGE, DEM ES SO GEHT.
IST NUR NORMAL, WENN BEIM ÄLTERWERDEN,
DEIN KÖRPER DIR NE NASE DREHT.
NIMMT SICH SEIN RECHT AUF DIE BESCHWERDEN,
ALS DIE SUMME SEINES LEBENS.
DU ERINNERST DICH...?

MEINE LIEBE KÄTHE,

HAST BESCHEIDEN UND ZUFRIEDEN
DIE BLÄTTER DEINES LEBENS BESCHRIEBEN.
GABST NIEMALS AUF,
AUCH WENN ES DICKE KAM.
DEIN SCHICKSAL NAHM
MANCH UMWEG IN KAUF.
NUN HAT'S DICH HINGEHAUEN
DEIN BEIN IST HIN.
KANNST DRAUF VERTRAUEN,
DASS ICH BEI DIR BIN.
DU SCHREIBST JETZT DIE NÄCHSTE SEITE,
DAS NÄCHSTE KAPITEL
– MIT WELCHEM TITEL?
ICH BEGLEITE,
BEWUNDERE DICH.
DU BIST FÜR MICH
MEHR ALS EIN VORBILD, FREUNDIN DU.

Musst aus dem Krankenbett schnell wieder raus,
wieder heim ins kleine Haus,
wo deine Blumen warten.
Auch dein Garten.
Sollst doch den Rest des Sommers riechen,
Dich nicht im Hospital verkriechen!
Bevor die ersten Blätter fliegen,
bevor Herbststürme wehen,
noch mal unterm Pflaumbaum liegen
und in den Himmel sehen.
Wolkenschiffe segeln
neuen Ufern zu
Ganz nach ihren eigenen Regeln,
— genau wie du.

Rosenmontag im Hospiz

Menschen im Wohnzimmer
helfende Hände und Gäste,
als wär's wie immer
bei einem Feste.

Girlanden aufgehängt,
Kuchen serviert,
einen Rollstuhl an den Tisch gelenkt
mit Luftschlangen verziert

Aus Armenien kommt ein Gast
Kennen wir ein Lied,
dass sie Zutrauen fasst,
nicht in ihr Zimmer zieht?

Das Akkordeon erklingt
Tränen sich in die Augen stehlen
mancher singt
Hoffnungen fehlen

SCHON IM ANFANG LIEGT DAS ENDE

DENKST AUCH DU OFT AN DEN TOD?
ODER GEHÖRST DU WOHL ZU DENEN,
DIE GLAUBEN, UNSTERBLICH ZU SEIN?
ES IST SEIN TÄGLICH BROT,
NICHT NÖTIG ZU ERWÄHNEN,
DA WIRD EIN ENDE SEIN.
DER GEDANKE UNBEQUEM,
ABSCHRECKEND UND MIES
STERBEN — GAR NICHT ANGENEHM.
DOCH GLAUBE DU NUN DIES:
DER ANFANG SCHON BIRGT AUCH DAS ENDE
DAS LEBEN LÄUFT DAHIN GESCHWIND
IRGENDWANN KOMMT DANN DIE WENDE,
BIS DU UND ICH GESCHICHTE SIND.
DENKST DU MANCHMAL
SO KÖNNT'S BLEIBEN?
MÖCHTEST GERN DIE ZEIT ANHALTEN?
LEBEN JETZT NOCH OHNE QUAL,
BUNTER KÖNNTE MAN'S NICHT TREIBEN.
NOCH SIND DIE ANDEREN DIE ALTEN.
DOCH ER IST SCHON DA.
MANCHE HOLT ER OHNE WARNUNG,
ANDERE SIND NOCH NICHT BEREIT
SICH AN DEN ABSCHIED ZU GEWÖHNEN.
FÜRWAHR,
EIN LEBEN LANG HATTEST DU ZEIT,

DICH MIT IHM AUSZUSÖHNEN.

NUN, WO ES IST SOWEIT,

KOMMT ER GANZ OHNE TARNUNG.

ALLEIN, ER LÄSST SICH NICHT BEIRREN,

GEHT AUF KEINEN HANDEL EIN.

KANNST IHN NICHT VERWIRREN,

WIRD SCHON ALLES RICHTIG SEIN.

GUT NUR, DASS WIR GAR NICHT WISSEN,

WANN DER MOMENT GEKOMMEN IST.

WER WIRD DICH VERMISSEN,

WENN DU DANN WOANDERS BIST?

VERGÄNGLICH

WIE BLÜTEN AN DEN BÄUMEN
WEHEN DIE SEELEN IM WIND
ENTSPRINGEN DEN WILDESTEN TRÄUMEN
BEGLEITEN JEDES KIND.
TRÄUME SIND SCHÄUME
DAS KIND SPUCKT GEGEN DEN WIND
ES MEINT, DASS ES TRÄUME
UND EINE SEELE FIND.

DABEI IST ES SELBST NUR BLÜTE,
DIE IM STURM ZERFÄLLT.
SO SEHR ES SICH BEMÜHTE
DAS IST DER LAUF DER WELT.

VERLUST

PLÖTZLICH IST ALLES ANDERS,
GEGANGEN DEINE GROSSE LIEBE,
DASS ER FÜR IMMER BEI DIR BLIEBE
HÄTTEST DU GEWÜNSCHT.
FÜHLST DEN FOKUS DEINES LEBENS VERLOREN,
ABER ER IST HIER,
IST NEU GEBOREN,
BLEIBT IMMER BEI DIR
IN EINEM ANDEREN RAUM,
GLEICH NEBENAN.
DU MÖCHTEST VON IHM TRÄUMEN,
KANNST IHN JEDOCH NICHT SEHEN.
MUSST ERST ERINNERUNGEN RÄUMEN,
MONATE VERGEHEN.
IRGENDWANN, WENN DU LOSGELASSEN,
WENN DU IHN ENDLICH FREI GEGEBEN,
KANNST ES KAUM FASSEN,
ERSCHEINT ER IM TRAUM DIR — WIE IM LEBEN.
WEN DU EINST GELIEBT,
WIRST DU NIE VERGESSEN.

WENN EINER GEHT

MENSCHEN, DIE DU LANGE KENNST
UND DOCH NICHT
DIE DU VIELLEICHT FREUNDE NENNST
UND PLÖTZLICH
GEHT SO EINER WEG — UNDENKBAR
DANN WIRD DIR KLAR
WIRST IHN NUR KURZ NOCH SEHEN
DEINE ERINNERUNGEN GEHEN
IHM NACH —

BALD
MEINEN LETZTEN WEG GEH ICH ALLEIN.
WEISS, ES KANN NICHT ANDERS SEIN.
DU STEHST SCHON HINTER MIR.
BALD GEHÖR ICH DIR.
BIST MIR SO NAH,
DEIN KÜHLER ATEM STREIFT
MEIN HAAR,
DEINE HAND NACH MEINEM LEBEN GREIFT.
ICH MUSS VERSTEHEN,
ES WIRD ZEIT.
WERDE MIT DIR GEHEN,
WENN ES DANN SOWEIT.
GEWÄHR MIR NUR EIN WENIG ZEIT,
WILL NUR ABSCHIED NEHMEN.
DANN BIN ICH BEREIT.

MEINEN LETZTEN WEG GEH ICH ALLEIN.

WEISS, ES KANN NICHT ANDERS SEIN.

DU STEHST SCHON HINTER MIR.

BALD GEHÖR ICH DIR.

BIST MIR SO NAH,

DEIN KÜHLER ATEM STREIFT

MEIN HAAR,

DEINE HAND NACH MEINEM LEBEN GREIFT.

ICH MUSS VERSTEHEN,

ES WIRD ZEIT.

WERDE MIT DIR GEHEN,

WEISS ES IST SOWEIT.

GEWÄHR MIR NUR EIN WENIG ZEIT,

WILL NUN ABSCHIED NEHMEN.

LÄNGST BIN ICH BEREIT

IST ER ES?

ER HAT SICH ANGEKÜNDIGT
IST ES DER TOD?
HAB NICHT GESÜNDIGT,
TROTZDEM BEDROHT,
GREIFT ER NACH MIR,
GRINST VERSTOHLEN,
LAUERT SCHIER,
WILL MICH HOLEN.

BIN NICHT BEREIT.
NOCH VIEL ZU TUN,
NICHT MEINE ZEIT.
NUN,
TROLL DICH, DU KALTER,
DU KLAPPERGESTELL!
IN MEINEM ALTER
HAB ICH MUT,
ALTER GESELL,
SEI AUF DER HUT!

OHNE REUE

Ich will leben,

bis zum Schluss.

Was kann es Schöneres geben?

Leben ist Genuss.

Noch eine letzte Zigarette,

noch ein Joint geraucht.

Hier von meinem Bette,

das Leben aufgebraucht.

Mir kann nichts mehr schaden,

habe Besseres vor,

als in Selbstmitleid zu baden,

doch seh ich manchmal dort ein Tor…

GEGANGEN

DU BIST GEGANGEN,
HAST DICH NICHT UMGESCHAUT,
MEINE ERINNERUNG GEFANGEN,
HATTE AUF DICH GEBAUT
BIN NUN ALLEIN,
MUSS DAS ERST LERNEN,
WIE WIRD ES SEIN,
NUR ICH UNTER STERNEN?

WERDEN DIE FREUNDE BLEIBEN?
ODER ZURÜCKHALTUNG ZEIGEN?
WIRD'S MICH UMTREIBEN?
ODER VOR GRAM ZERREIBEN?

SCHLIMM IST ES BEI NACHT.
ICH KANN NICHT SCHLAFEN.
IMMER GEMEINSAM ERWACHT,
ZUM ALLEINSEIN NICHT GESCHAFFEN.

„ZEIT HEILT WUNDEN",
EIN SCHWACHER TROST.
WIE WIRD TRAUER ÜBERWUNDEN?
WIE SCHAFFE ICH DAS BLOSS?

ERLÖSUNG

ICH SEHE EIN LICHT,

SO WUNDERSCHÖN,

HALTET MICH NICHT,

MÖCHTE GERN SEHN,

WAS DORT SO HELL UND KLAR,

WERDEN MEINE WÜNSCHE WAHR?

OHNE SCHMERZEN SEIN,

SO FEDERLEICHT,

WILL GLÜCKLICH SEIN,

ENDLICH ERLÖST — VIELLEICHT?

Sterben ohne Angst

Vielleicht ist sterben gar nicht schlimm,
wer weiss das schon?
Bist du erst mitten drin,
scheint es dir bitterer Hohn.
Dachtest du würdest dich wehren,
würdest kämpfen um dein Leben,
Fortsetzung begehren,
alles darum geben.

Und wenn es dann soweit,
kommt grenzenlose Ruhe über dich.
Machst dich bereit,
wehrst dich nicht.
Gedanken fliessen durch dich hindurch,
denkst „gleich sterb ich"
hast keine Furcht,
machst bereit dich.

Erkennst, deine Zeit ist ran,
hast nichts ausgelassen.
Wenn das eine sagen kann,
welch glückliche Frau,
kann es nur mit Mühe fassen,
weiss es ganz genau.
Sie muss nun gehen,
diese Welt verlassen,
aus anderer Perspektive sehen.

DIE LIEBE

176

BEGEGNUNG

ERSTE BLICKE, ZARTES LÄCHELN
IMMER WIEDER WEGGESCHAUT
SIE BEGINNT SICH LUFT ZU FÄCHELN
SPÜRT, WAS SICH ZUSAMMENBRAUT.

ER ERRÖTET, SCHAUT HERÜBER
SUCHT BEGIERIG IHREN BLICK
FÜHLT DIE SEHNSUCHT, WIE EIN FIEBER,
IST GEFANGEN, KEIN ZURÜCK

WER WAGT NUN DEN ERSTEN SCHRITT,
GEHT AUF VOLLES RISIKO
WENN DANEBEN GEHT DER TRITT
UND SO ...
BEIDE GEHEN ZUR GLEICHEN ZEIT
AUFEINANDER ZU
IN GEDANKEN SCHON BEREIT
ZUM WIR AUS ICH UND DU

ZARTES LÄCHELN, ERSTE WORTE
DIE STIMME ZÄHLT
WECHSELN DANN ZU ANDEREM ORTE
FÜHLEN SICH NUN AUSERWÄHLT.
WENN DAS SCHICKSAL ES SO WILL,
IST DIESE LIEB' FÜR LANGE
BEIDE HOFFEN STILL,

DASS DAS GLÜCK SIE FANGE.

JAHRE MIT DIR

DU MEINE GROSSE LIEBE
ICH DANKE DIR
DAFÜR, DASS ES DICH GIBT.
MÖCHT', DASS ES EWIG BLIEBE
DAS DING MIT DIR UND MIR,
SO UNGLAUBLICH VERLIEBT.

DU BIST MEIN ERWACHEN,
MEIN TAG UND MEINE NACHT
DU BIST MEIN WEINEN, MEIN LACHEN,
LIEBE BIS ES KRACHT.

SO DICHT, SO NAH
WIR BEIDE SIND,
ES IST FÜRWAHR,
WIE MAN ES SELTEN FIND.

DABEI SOVIEL FREIHEIT,
TOLERANZ UND GLÜCK,
BEREIT,
NACH VORN ZU SCHAUN UND NIE ZURÜCK.

HAMBURG, MEINE LIEBE..
HAMBURG, DU WUNDERSCHÖNE STADT,
DIE VON ALLEM ETWAS HAT,
DU BIST SO SCHÖN,
WAS BEI SONNE KEINE KUNST,
DOCH BEI NEBEL ODER DUNST
KANN MAN DAS AUCH ANDERS SEHN.
WENN'S REGNET ODER STÜRMT,
GENIESST DIE STEIFE BRISE.
WENN SICH DIE FRISUR AUFTÜRMT,
KEIN GRUND FÜR EINE KRISE.
WENN SCHIETWETTER IST ANGESAGT,
SO MANCH EINEN DAS DERBE PLAGT.
DOCH EIN SPAZIERGANG AN DER ELBE,
DER ENTSPANNT.
FÜR ANDERE FAST DASSELBE,
WIE FERIEN AM STRAND.
HAST SOVIEL WASSER, SOVIEL GRÜN,
HAFEN UND SCHIFFE KANN MAN SEHN.
HAST MEHR BRÜCKEN ALS VENEDIG,
IM MICHEL JEDEN TAG NE PREDIGT.
BIST EINE STADT MIT ECKEN UND MIT KANTEN,
NICHT SMOOTHY ODER NETT.
BEI NIESELREGEN KAFFEETANTEN
KRIECHEN MIT HEISSEM GROG INS BETT.
KEIN HAMBURGER MÖCHT' DICH VERLASSEN,
WAS MAN AUCH DAVON HÄLT,
ANDERE STÄDTE GLATT VERBLASSEN,

DU SCHÖNSTE STADT DER WELT.

DU UND ICH

UNSERE LIEBE

SO REIN UND KLAR

HERZENSDIEBE

FÜRWAHR

ICH IMMER DEIN

DU AUF EWIG MEIN.

VERTRAUEN

AUFEINANDER BAUEN

IM 7. HIMMEL SCHWEBEN

SICH IN DIE AUGEN SCHAUEN

VERTRAUEN LEBEN

BETRUG KOMMT NICHT IN FRAGE

GEFÜHLE PUR

GANZ FREI VON KLAGE

GANZ OHNE SCHWUR.

ENDLICH TANZEN ZU ZWEIT!

EINS, ZWEI, TIP,

EINS ZWEI, TAP

DISCOFOX, DER MANN, DER FÜHRT!

AUCH WENN DIE DAME GAR NICHTS SPÜRT.

DRE-HUNG-RECHTS MIT TIP

SIE - MUSS - MIT

ARM HOCH, DAS SIG-NAL

DREH' DICH MAL

UND ZU-RÜCK

WELCH EIN GLÜCK

ER STEHT NICHT AUF IHREM KLEID
NUN IST ES FAST SOWEIT.
ES GEHT! ER KANN'S, WIE WUNDERBAR!
SIE HÄLT DEN TAKT, JA KLAR,
NUN FOXEN SIE, SO RICHTIG LÄSSIG
ERLEICHTERUNG SIEHT MAN IHM AN
SEI NICHT GEHÄSSIG,
ER IST EBEN NUR EIN MANN.
BEGEISTERT KÜNDIGT ER NUN AN
WIR BLEIBEN DRAN!

STURM UND LIEBE

DU GLAUBST
DIESE LIEBE IST DER TRAUM,
DER DIR DIE SINNE RAUBT,
IN DEINER GEFÜHLE ÜBERSCHAUM
JEDEN STURM DURCHSTEHT,
UND NIE VORÜBER GEHT.
DANN, EINES TAGES, STELLST DU FEST,
DER STURM IST STÄRKER,
ALS DEIN TRAUM.
BEUTELT DEIN NEST
ERFÜLLT DEN RAUM
MIT ZERBROCHENEM GEÄST.
MUSST DIR EINGESTEHEN,
DASS AUCH DEIN TRAUM ZERBROCHEN,
DASS EINZIG AUSEINANDERGEHEN
MACHT NOCH SINN.
SCHMERZ UND TRÄNEN
RAFFEN DICH DAHIN.
GLÜCK, WENN DU UND SIE
IM FRIEDEN GEHEN.
ELEND, WENN DU SIE NIE
WIRST WIEDERSEHEN.
ÜBEL, WENN EIN KRIEG.
BEI DEM NIEMAND SIEGT,
DAS ENDE DEINES TRAUMS.

EWIGES SPIEL

HAST SEHNSUCHT NACH NÄHE
UND ANGST VOR ZU VIEL
DASS ER DICH SEHE,
IST DEIN ZIEL.

HAST DU IHN GEWONNEN,
ER LIEGT DIR ZU FÜSSEN,
IST DEIN BEGEHREN ZERRONNEN
UND LANGEWEILE LÄSST GRÜSSEN.

DAS SPIEL WIEDERHOLT SICH
AUF DEM JAHRMARKT DER SUCHER
ERNEUT FASZINIERT DICH
DER ANGEBOT WUCHER.

NÄHE DURCH DISTANZ
GLAUBST DU ZU WISSEN,
IMMER NEUER TANZ,
VIELE FRÖSCHE MUSST DU KÜSSEN.

GEFUNDEN

EIN LEBEN ZU ZWEIT
NEHMEN UND GEBEN
GANZ BEFREIT
FANTASIEN WEBEN
DURCHS LEBEN GLEITEN
DIE FLÜGEL AUSBREITEN
EINANDER AUF EWIG TREU
JEDEN TAG AUFS NEU
GEMEINSAM GENIESSEN
SCHWIMMT EINER AUCH NOCH SO WEIT
LÄSST DIE SEHNSUCHT SPRIESSEN
BLEIBEN SIE DOCH ZU ZWEIT
LANDEN GANZ WEICH
WIEDER AUF DEM GLEICHEN TEICH.

GEMEINSAM

DIR GILT MEIN SEHNEN

ALL MEIN GLÜCK

NICHT NÖTIG ZU ERWÄHNEN,

DASS MICH VERZÜCKT

DEIN ANBLICK, DEIN GESICHT.

DEINE STIMME BETÖRT,

NICHT

DAS GERINGSTE STÖRT.

ICH LIEBE DICH,

SO WIE DU BIST

UND DU AUCH MICH

WAS SUPER IST.

DENN WENN ZWEI SICH EINIG,

SIND SIE GEWINNER

SEI IHR WEG AUCH NOCH SO STEINIG.

IMMER

WIR TEILEN UNSER LEBEN

WOLLEN EINANDER NUR LIEBE GEBEN

STEHEN ZUSAMMEN, WIE ES ENGER NICHT GEHT

VERTRAUEN DABEI GANZ OBEN STEHT

KÖNNEN UNS AUFEINANDER VERLASSEN

FÜHLEN UNS GEBORGEN

KÖNNEN ES KAUM FASSEN

EINER TRÄGT DES ANDEREN SORGEN.

GEMEINSAM SIND WIR NICHT ZU SCHLAGEN

UND DENKEN WIR AN MORGEN,

KÖNNEN WIR ZUSAMMEN ALLES WAGEN.

IMMER NOCH GLÜCK

HAB ICH DIR HEUTE SCHON GESAGT,
DASS ICH DICH LIEBE?
HAB ICH MICH GEFRAGT,
WAS SONST MIR BLIEBE?
LEBEN MIT DIR IST WUNDERBAR!
ERINNERE MICH NOCH,
WIE'S FRÜHER WAR.
SUCHTE ICH DOCH
— WAS STETS MIR KLAR —
EINEN MENSCHEN WIE DICH.
ALLTAG TEILEN,
EINANDER VERSTEHEN,
GEMEINSAM VERWEILEN
DAS WESENTLICHE SEHEN.
HIGHLIGHTS ERLEBEN,
TÄLER DURCHWANDERN,
LIEBE GEBEN,
EINER DEM ANDERN.
VERTRAUEN SCHENKEN,
MITEINANDER SEIN,
SICH NICHT VERRENKEN,
— ICH DEIN, DU MEIN.

Liebeserklärung

Dich lieben,
dich ertragen
mit dir leben
alles wagen
dich ansehen
mit dir spielen
über Grenzen gehen
aufs Leben zielen
mit Karten zocken
neues erkunden
die Hütte rocken
einander gefunden
nicht nur gemeinsam gehen
Alles und im Ganzen:
auch in die gleiche Richtung sehen.
Und mit dir durchs Leben tanzen.

SECHS JAHRE LIEBE

2190 TAGE, EINE LANGE ZEIT
VOM ERSTEN BLICK ZUR LIEBE —
HAST MICH BEFREIT
AUS MEINEM TURM
GERÄTSELT, OB ICH BEI DIR BLIEBE
EROBERT MICH IM STURM.
SECHS JAHRE, SEITE AN SEITE
SIND WIR BISHER GEGANGEN,
KEINE ENGE, SONDERN WEITE,
FREI UND NICHT GEFANGEN.
LIEBE UND VERTRAUEN,
KÖNNEN AUFEINANDER BAUEN,
UNS SPÜREN, AUCH AUF DIE DISTANZ
UNS VEREINEN NUN IM TANZ,
HABEN NÄHE NICHT GESCHEUT,
HAB NOCH KEINEN TAG BEREUT!
ZEIT, VERGANGEN WIE EIN WIMPERNSCHLAG,
EINANDER ALLES GEBEN.
WAS FÜR EIN GLÜCK!
WAS JEDER AUCH VERMAG,
GEMEINSAMKEIT ERLEBEN.
WILL NIE IN MEINEN TURM ZURÜCK.

WIR

Du und ich
Wir sind eins
Ich liebe dich
Und du liebst mich
Ein Glück wie keins,
das ich zuvor gekannt.
Bin hinterhergerannt
Ohne es zu fangen.
Hab es gesucht,
ohne es zu erlangen.
Du und ich
Wir beide wissen,
dass wir es sind.
Wollen einander nicht mehr missen.
Können einander vertrauen,
in Liebe aufeinander bauen.
Du und ich wir wissen
Um unser grosses Glück.
Nie mehr ohne den anderen auf Anfang zurück.

Was du suchst

Was, wenn die Verliebtheit vorüber ist,
wenn Alltag eingekehrt?
Wenn er weiss, wer du bist
und umgekehrt?
Wenn die Distanz zur Spannung ruht,
Nähe ihren Platz eingenommen?
Ob es gut dir tut,
oder macht es beklommen?
Wenn es Liebe ist
vertraust du auf Geborgenheit.
Wer das nicht versteht,
nicht zum Bleiben bereit,
der geht.
Für immer auf der Suche
nach noch höherem Glück,
bleibt er allein zurück.
Highlights sind nicht von Dauer,
Langeweile liegt auf der Lauer.
Wer das begreift
schätzt, was er hat,
dass die Liebe reift
steht auf seinem Blatt.

Nach 4 Jahren

Ein Ganzes fügt sich,
aus Ying und Yang.
Du und ich
wie ein Klang,
wie Sonne und Mond
beide belohnt,
im Jetzt und Hier
mit grossem Gefühl,
alles geb ich dir
nicht nur zum Spiel!

Vier Jahre sind wir jetzt ein Paar,
immer vertrauter von Jahr zu Jahr.
Obwohl Alltag,
ziemlich lapidar
täglich einkehrt,
ist Tag für Tag,
ganz wunderbar
und völlig unbeschwert.
Wir geniessen Graues und Normales,
uns bewusst, es gibt Banales.
Um so grösser unser Glück,
wenn ein Highlight uns entzückt.
Gemeinsamkeiten gibt es viele,
wir spielen Golf und andere Spiele.
Theater auch und gutes Essen
nicht zu vergessen.

WIR BEWIRTEN GERNE GÄSTE,
MIT KÖSTLICHKEITEN WIE ZUM FESTE.
SEIT VIER JAHREN
KEINE STUNDE LANGEWEILE.
LASS UNS UNSER GLÜCK BEWAHREN,
LIEBE KENNT KEINE EILE.

Nach Fünf Jahren

Vertraut gemeinsam durch unser Leben
Fünf Jahre schon
Verliebt wie eh, nehmen und geben
dein Lob mit jedem Ton

Wie sehr ich dich brauche, ahnst du nicht,
nicht, wie sehr ich dich liebe,
ich sag's dir ins Gesicht
Wünsch mir, dass es so bliebe.

Schicksal hält uns gefangen
Füreinander bestimmt
zuvor durchs Leben gegangen
Auf Alleinsein getrimmt

Mit der Engel Gunst
Geniessen wir unsere Tage
Ist keine Kunst
Ist keine Frage

Nur unsere Liebe zählt,
lieben das Leben
Gemeinsamkeit gewählt
Was kann es Schöneres geben?
Kennenlernen

Schon nach acht Seiten

E-MAILS HIN UND HER
NACH ZAHLREICHEN PLEITEN,
ERINNERUNGSSCHWER,
IMMER WIEDER DER VERSUCH,
DEN ANDEREN ZU FINDEN,
WIRD MAN NICHT KLUG,
MÖCHTE GERN SICH BINDEN.
51 E-MAILS LANG ES AN DIR FRISST,
BIS DU ERLEICHTERT,
FESTSTELLST, DASS ES ZUNEIGUNG IST.

SCHON NACH WENIGEN WOCHEN
IST MIR KLAR,
DASS ICH UNGEBROCHEN
LANGE NICHT SO GLÜCKLICH WAR.
ICH SCHAU DICH AN
UND WEISS GENAU,
DASS ICH DICH LIEBEN KANN.
SCHAU
ICH IN DEINE BLAUEN AUGEN,
VERLIER ICH MICH DARIN,
MÖCHTE FEST MICH SAUGEN,
SCHMELZE SO DAHIN.
51 MAILS UND MANCHES MEETING
WAREN NÖTIG UM ZU KLÄREN
DASS WIR ES SIND,
DASS ES WIRD WÄHREN.
DASS ES LIEBE IST,
WURDE UNS KLAR,

DASS DU ES BIST,
IST WUNDERBAR!

AM ZIEL

ALLES FÜHLT SICH LEICHT AN,
SEIT DU AN MEINER SEITE BIST.
DU BIST DER BESTE MANN,
DER FÜR MICH ZU FINDEN IST.
ALLES STIMMT AN DIR,
NICHTS, DAS STÖRT,
SO GEFÄLLST DU MIR
HAST MICH TOTAL BETÖRT.

LIEBEN = VERTRAUEN

WIE SEH ICH AUS, SCHATZ?
DER SCHAL AM RECHTEN PLATZ?
MUSS AUS DEM HAUS
HABE WENIG ZEIT
BITTE LEG DAS JACKETT MIR RAUS
IST DAS NICHT ZU WEIT?

SCHATZ, DU SIEHST TOLL AUS!
SEIT WANN SO BEMÜHT?

PUTZT SICH HERAUS,
DASS ER SO SPRÜHT.

DIE NEUE KOLLEGIN,
EIN HEISSES TEIL!
IST DA MEHR DRIN?
WART ICH NE WEIL?

SCHATZ, NIMM DAS BLAUE,
DA STEHT DIR SO GUT!
VERTRAUE,
HAB MUT!

SOLL ICH?
ICH BITTE DICH!
ICH KENN IHN GUT
WEISS, WAS ER NICHT TUT.

NA, HAT ES GEFALLEN,
DEIN OUTFIT HEUTE?
KLAR, KOMPLIMENTE VON ALLEN!
WER SIND DIE LEUTE??

SCHATZ, ICH LIEB DICH,
DU SIEHST SO GUT AUS.
VERSTEHT SICH,
WANN KOMMST DU NACH HAUS?

WIE SEH ICH AUS SCHATZ?

JEDES HAAR AM RECHTEN PLATZ?
MUSS LOS,
WIE SCHAFF ICH DAS BLOSS?
SCHNELL NOCH DIE PUMPS AN
UND DANN..
FÜR WEN MACHT SIE SICH SCHÖN?
WIRST WOHL NICHT ALLEINE GEHEN?

BIN STOLZ AUF DICH,
UND DU AUF MICH.
GENIESSE, DASS DU GEFÄLLST.
UND DOCH EINZIG ZU MIR HÄLTST
VERTRAUEN,
AUFEINANDER BAUEN
LIEBE-GRENZENLOS
ME AND YOU, FOR EVER

FÜR DICH UND MICH
IST UNSER LEBEN
AN SICH
NEHMEN UND GEBEN.
WIR STREBEN
DANACH,
HARMONIE ZU LEBEN.
UNS FALLEN ZU LASSEN,
DEN ANDEREN ZU BEGREIFEN,
AUCH GANZ GELASSEN
IN DIE FERNE ZU SCHWEIFEN.

GEMEINSAM LEBEN ZU ERLEBEN,
IN GEFÜHLEN ZU ERBEBEN.
ZUSAMMEN EINDRÜCKE ZU SAMMELN,
ARM IN ARM ZEIT ZU VERGAMMELN.
FREIE TAGE ZU VERZOTTELN,
IN EHREN ZU VERTROTTELN,
SPORT GEMEINSAM,
NIEMALS EINSAM,
AUCH GETRENNT,
JEDER FÜR SICH,
UNSERE LIEBE BRENNT
MEINE FÜR DICH,
DEINE FÜR MICH.

1000 TAGE

!000 TAGE LIEBE
NÄHE UND VERBUNDENHEIT
DASS SIE NOCH 10 X 1000 BLIEBE,
UNSERE ZWEISAMKEIT!
JEDE MINUTE, JEDER TAG MIT DIR
ERFÜLLT MICH MIT GLÜCK
GLAUBE MIR
ICH WILL NICHT ZURÜCK.

NICHT MEHR ZURÜCK IN MEIN ALTES LEBEN,

NICHT MEHR OHNE DICH SEIN,

FÜR MICH KANN'S NICHTS SCHÖNERES GEBEN,

ALS EIN LEBEN MIT DIR ZU ZWEI'N.

1 000 TAGE

WIEGEN SCHWER

IN DER LEBENS–WAAGE,

ICH HOFFE SEHR,

AUF GLEICHGEWICHT.

HAUPTSACHE LUST!

DU BIST - WIE DORIAN GRAY – SO SCHÖN,

MIT HELLER FREUDEN ANZUSEHEN.

GEPFLEGT VON KOPF BIS FUSS,

MAN EINFACH NUR GENIESSEN MUSS.

SEX MIT DIR IST EINZIG UND ÜBERHAUPT NICHT ARTIG.

VOLLER EROTIK, VOLL DER SPANNUNG.

GERN HARRE ICH

GEFANGEN IN ERWARTUNG

BIS WIR UNS WIEDER SEHEN.

SO VIELE JAHRE GEBEN WIR UNS LUST,

DABEI IST MIR SO SEHR BEWUSST,

DASS DA NICHTS ANDERES,

WAS DU ZU GEBEN HAST.

IST ES DIR LAST,

WENN DIR FEHLT, WAS ZWISCHEN MENSCHEN WICHTIG?

TOLERANZ, MITGEFÜHL, EMPATHIE,

SOZIALES MITEINANDER, RICHTIG!

DU BIST VON INNEN HOHL,

EIN SCHÖNES NICHTS.
IST MIR EGAL,
ICH TRINKE AUF DEIN WOHL!

WARTEN

DIE GEDANKEN VERHANGEN,
IN EMOTIONEN GEFANGEN,
DEN BLICK GETRÜBT
SO VERLIEBT
SEHN ICH MICH NACH DIR
VERZEHR ICH MICH HIER
WARTE AUF DICH
UND DU AUF MICH.
LASS UNS GEMEINSAM GEHEN,
WOHIN DU WILLST, ICH FOLGE DIR,
BIS HINTER DER NÄCHSTEN TÜR
DAS PARADIES.

NIE MEHR OHNE DICH!
UMARME MICH,
DU GELIEBTER, — MIR SO NAH,
KEINEN SCHÖNEREN ICH SAH.
HAB DICH GEFUNDEN,
BIST MEIN LEBEN.
VIELE GLÜCKLICHE STUNDEN

WIRD'S FÜR UNS GEBEN.

VERSTEHEN OHNE WORTE,

GEFÜHL UND OHNE SORGEN,

AN JEDEM ORTE,

AUCH MORGEN...

HARMONIESUCHT

EINKLANG IM LEBEN,

ERSTREBENSWERT?

GEBEN UND NEHMEN,

UNBESCHWERT?

BLOSS KEINEN STREIT,

HARMONIE MUSS SEIN.

IMMER BEREIT,

ZU ZWEI'N

DAS BESTE DARAUS MACHEN,

ÜBER UNSTIMMIGKEITEN LACHEN,

DEM ANDEREN VERZEIHEN,

SICH VON ZORN BEFREIEN.

NICHTS IST SO WICHTIG,

NICHTS KANN UNS ENTZWEIEN.

SEI UMSICHTIG!

HARMONIE MUSS GEDEIHEN

DANN IST ES LIEBE

WENN DER ALLTAG EINKEHRT
UND SICH NIEMAND BESCHWERT,
WENN MAN EINANDER GUT KENNT
UND TROTZDEM EINE FLAMME BRENNT,
WENN DU NICHT MEHR DEN HENGST MACHEN MUSST,
WENN DU GENIESST EINEN LANGEN KUSS,
WENN VERTRAUEN DIE BASIS IST,
WENN DU IHRE FEHLER VERGIBST,
SIE GERADE DAFÜR LIEBST,
WENN ZUFRIEDEN DU BIST,
ANGEKOMMEN UND UMSORGT,
DANN IST DEIN GLÜCK NICHT NUR GEBORGT.
DANN IST ES LIEBE.

Du bist mein Leben

Du bist mein Leben
Ich würde alles geben,
damit du glücklich bist
Habe dich vermisst,
ohne dich zu kennen,
all die verlorenen Jahre!
Kann nicht benennen,
wie diese wahre
Liebe glüht.
Jahre ohne dich,
so hohl und leer.
Ich erinnere mich
du fehltest mehr,
als ich dir sagen kann.
Fühlte mich allein
und dann und wann
dacht ich, das Schicksal sei gemein.
Doch die Bestimmung irrt sich nie.
Unsere Liebe ist mir heut grösstes Glück,
so deutlich fühl ich sie,
kann nicht mehr zurück.
Vertrau mich dir an,
weiss, kann mich verlassen,
du mein geliebter Mann,
kann mein Glück kaum fassen.

ENDLICH

LANGE HAB ICH GEWARTET,
AUF DEN EINEN.
BIN IMMER NEU GESTARTET,
WILL MEINEN,
DER ZU MIR PASST
UND ICH ZU IHM,
VOR DEM ALLES VERBLASST,
MIT DEM ICH EIN TEAM,
KAM JETZT,
WO ICH ALT BIN,
ZU GUTER LETZT.

RICHTIG

ES FÜHLT SICH RICHTIG AN
MIT DIR.
DU BIST MEIN MANN,
BIST HIER.
TIEFE, INNERE RUHE
IN MIR.
KEIN GETUE,
LIEBE SCHIER.
GÄB' ES DICH NICHT

GÄB' ES DICH NICHT,
MÜSST' MAN DICH ERSCHAFFEN.
DU ZÖGERST NICHT,
WO ANDERE NUR GAFFEN.
SO LIEBEVOLL, SO ZÄRTLICH,
SO ZUGEWANDT LOYAL.
KÜMMERT DICH,
WAS ANDERER MENSCHEN QUAL.

ICH SPÜRE DEINE LIEBE
DURCH KLEINE GESTEN ZWISCHENDURCH,
SPRIESSEN WIE ZARTE TRIEBE
GÄNZLICH OHNE FURCHT.

DOCH JEDER HAT SICH SELBER NOCH,
FÜR EIGENES BLEIBT RAUM.
SIND WIR ZWEI MENSCHEN DOCH,
IN WIRKLICHKEIT UND TRAUM.

FÜHL MICH BEI DIR GEBORGEN,
DARF EINFACH SEIN
UND MEINE SORGEN
SCHWINDEN, WERDEN BEI DIR KLEIN.
ERST MIT DIR FÜHL ICH MICH GANZ.
DU BIST MEIN GRÖSSTES GLÜCK.
UNSER LEBEN WIE EIN TANZ,
NUR NACH VORN, KEIN SCHRITT ZURÜCK
GEBORGEN

ALLES FÜHLT SICH ANDERS AN
SEIT ES DICH GIBT.
NIEMAND HAB ICH SO GELIEBT,
WIE DICH, MEIN MANN.

DU SCHAUST MICH AN.
DU LÄCHELST VERSONNEN.
SOVIEL ZEIT VERRONNEN,
ERINNERST DICH DARAN.

GEBORGENHEIT —
FLÜSTERST DU LEISE
UND AUF DIESE WEISE
SIND WIR ZU ZWEIT.
HABEN UNS GEFUNDEN,
SEELE UND HERZ SO NAH
MIT GLÜCK UMWUNDEN,
WIE MAN ES SELTEN NUR SAH.
FÜHL MICH SO GUT,
WENN ICH DICH SEH.
BIN VOLLER MUT,
WOHIN ICH AUCH GEH.

SEIT DU DA BIST
BIN ICH ERST GANZ.
UNSER LEBEN IST
WIE EIN WUNDERBARER TANZ.

GLUT NICHT FEUER

STATT FEUER IN MEINEM HERZEN
WÄRMENDE GLUT,
STATT SCHMERZEN,
TUST DU MIR GUT.
DEINE LIEBE WÄRMT MICH,
MACHT MICH RUHIG UND STILL.
ICH LIEBE DICH,
WEIL ICH ES WILL.
KEIN STROHFEUER, KEIN ZUNDER,
DIESE VERBUNDENHEIT
ZU ZWEIT
IMMER WIE EIN WUNDER.

HERZDIEBE

HAB ICH DIR HEUTE SCHON GESAGT,
DASS ICH DICH LIEBE?
HAB ICH GEWAGT,
WIE DIEBE,
EIN HERZ ZU STEHLEN?
WILL NICHT VERHEHLEN,
DASS DIESE BEUTE MIR GEFÄLLT,
DASS ICH MICH AUF DICH EINGESTELLT.
DEIN HERZ IN MEINEM,
MEINES IN DEINEM,
ZWEI HERZENEROBERER
WENIGER DIEBE,
ALS LIEBE

Sie hält deine Hand

Worauf kommt es an?
Jedermann
setzt auf Sex und Rock'n Roll.
Spannend soll es sein,
das Leben.
Dabei ist es wenig doll,
oft nur falscher Schein,
nach dem alle streben.
Geht's dir dann schlecht,
wenn der Schwung zerschellt,
ist's dir mehr als nur recht,
wenn jemand deine Hände hält.
Dann wird dir klar,
was wirklich zählt,
was einzig wahr,
was dich nicht quält.
Sie hält deine Hand,
und ist dir zugewandt.

MANN IST DOOF

DAS GESICHT AUF DEM MAGAZIN
REISST DICH HER UND HIN.
„MIT DER WÜRDE ICH GERN MAL ESSEN GEHEN",
— UND WIE SOLL ICH DAS SEHEN?
„ABER DAS IST JA NUN AUCH VORBEI",
BEDAUERST DU DABEI.
GERADE ZIEHST DU BEI MIR EIN.
WAS SOLL DAS DENN SEIN?
HAST DICH ENTSCHIEDEN,
MIT MIR ZU LEBEN
WÄR BESSER DU HÄTTEST VERMIEDEN,
DIESEN DÄMLICHEN SPRUCH SOEBEN.

NEUBEGINN

VOLLER FEUER
ABENTEUER!
ÄNDERT SICH DEIN LEBEN
AUF EINEN SCHLAG,
WEIL ES DICH MAG
WIRD ES DIR ALLES GEBEN.

GEKÜNDIGT DER MIETVERTRAG,
ABBESTELLT DAS TELEFON,
ABGEBROCHEN DIE BRÜCKEN,
LASS UNS ZUSAMMENRÜCKEN.
DU WEISST SCHON,
DASS ICH DICH MAG?!
KEIN RISIKO,
UNSER AUFBRUCH IN EIN NEUES LEBEN.
DRUM SEI FROH,
ES WIRD NICHTS SCHÖNERES MEHR GEBEN.
ZUSAMMEN STELLEN WIR UNS SORGEN,
FRAGEN NICHT NACH MORGEN.

GETEILTES LEID IST HALBES LEID.
GETEILTES GLÜCK UNS DOPPELT FREUT.
WIR SIND BEREIT,
GESTERN WIE HEUT,
FÜR EINE NEUE LEBENSSTUFE.
WENN DU MICH BRAUCHST — RUFE!

NO DOUGHT! – ZWEITER VERSUCH

ALLEIN ODER ZU ZWEIT ?
GEDANKEN FLIESSEN, GLEITEN WEIT.
WAS WIRD SICH ÄNDERN,
WENN WIR ZUSAMMEN LEBEN,
WENN WIR IN NEUEN GEWÄNDERN
UNS DEN ALLTAG GEBEN?

WIE GROSS WERDEN DIE KOMPROMISSE SEIN,
DIE WIR BEREIT SIND EINZUGEHEN?
EHRLICH ODER NUR ZUM SCHEIN,
VERTUSCHT ODER BEI LICHT BESEHEN?
SIND WIR DAFÜR REIF GENUG,
AUCH LEBENSKLUG?

FÜR UNS BEIDE DAS ZWEITE MAL,
ACHTSAMKEIT, IN BERG UND TAL.
GEFÜHLSGEBIRGE, TIEFE SCHLUCHT
EMOTION MIT VOLLER WUCHT.
WIE GROSS IST UNSERE LIEBE?
WÜNSCHE, DASS SIE BLIEBE!

KEIN PLATZ FÜR GAR NICHTS

LEBEN MIT DIR IST WUNDERBAR.
SELTEN SAH ICH DIE ZUKUNFT SO KLAR,
DU, MEIN ANDERES ICH.
NICHTS KANN UNS TRENNEN,
ICH LIEBE DICH.
KANN KAUM BENENNEN,
WIE GLÜCKLICH DU MICH MACHST,
ALLEIN SCHON WENN DU LACHST.

VERTRAU DIR BLIND,
KEINE BÖSEN GEDANKEN
GLEICH, WO WIR SIND,
GERATE NIEMALS INS WANKEN
SEI DIE VERSUCHUNG AUCH GROSS,
DU SPÜRST SIE NICHT,
FÜHLST DICH WOHL BLOSS.
WO DU BIST, IST LICHT.

Nur die Liebe zählt

Alles ist nichts gegen die Liebe
Nichts ist alles, wenn sie dir bliebe,
so bliebe wie im ersten Jahr,
so heiss, so ehrlich, so wahr.

Sie ändert dein Leben,
bestimmt dein ganzes Streben,
verkehrt böse zu gut,
macht dir Mut.

Wer liebt ist nie allein,
mag er auch fern von allen sein.
Er fühlt Geborgenheit,
reist er auch noch so weit.
Die Liebe macht stark dich,
verleiht dir unendlich
Kraft und auch Empathie,
Das kann nur sie.
Die Liebe ist gross,
was fühlt einer bloss,
der sie nie getroffen,
seine Hoffnung bleibt offen.

Reicht ein Leben?

Mit dir vergeht die Zeit so schnell!
Kaum war es Nacht,
schon wieder hell.
Bewundere ich Sterne,
lass die Gedanken fliegen,
dann folge ich dir gerne
kann meine Angst besiegen.

Wird dieses Leben reichen?
Wird unsere Zeit zu knapp?
Werd nicht von deiner Seite weichen,
zu lange ich gewartet hab.
Auf Liebe unumwunden,
auf eine solche Nähe!
Habe dich gefunden.

Lass uns jede Stunde,
Minute und Sekunde
Geniessen, als wäre es die Letzte.
Gib mir deine Hand,
zeig mir den Weg,
den ich allein nicht fand.
Du mein Mann,
sag mir wann
wusstest du genau,
dass ich deine Frau?
Füreinander bestimmt — auf ewig.

STARK UND SCHWACH

ALLEIN WAR ICH STARK
NICHTS MACHTE MIR ANGST
HAB ALLES GEWAGT,
GETAN UND GESAGT.

NUN MACHST DU MICH GLÜCKLICH
BIST EIN TEIL MEINES LEBENS
NEHMEN UND GEBEN
LEBENSFREUDE — AUSDRÜCKLICH.
ANGST, DICH ZU VERLIEREN,
WIEDER OHNE DICH SEIN,
HALBIERT MEIN LEBEN,
MACHT MIR PEIN.
WILL NUR AN HEUTE DENKEN,
DIR MEINE LIEBE SCHENKEN,
UNSERE ZEIT GENIESSEN,
LASS BÖSE GEDANKEN SCHIESSEN...

TRENNUNG 1

WENN DU NICHT DA BIST,

WIRD MIR KLAR, WIE ES IST,

WIE ES IST OHNE DICH,

WIE ES IST FÜR MICH.

OHNE DICH EINE LÜCKE,

DEIN WESEN FEHLT,

DAS MICH BEGLÜCKE,

DENN NUR DIE LIEBE ZÄHLT.

FÜHL MICH GANZ FREI

UND DOCH ALLEIN.

MEIN ICH SAGT, ES SEI

LIEBER ZU ZWEIN.

MAG DICH NICHT MISSEN.

WELCH GROSSES GLÜCK,

ZU WISSEN,

DU BIST BALD ZURÜCK.

Trennung ist der Anfang

Wenn nichts mehr bleibt,
wenn die Liebe gegangen ist,
wenn es dich forttreibt,
wenn du in Gedanken woanders bist,
dann ist es Zeit,
dein Leben zu ändern,
du bist soweit,
mit roten Bändern
dich an neue Gefühle zu binden,
neuem Glück entgegen zu gehen,
zu dir zu finden,
darin deine Zukunft zu sehen.

Was wichtig ist

Nicht auf die grossen Sachen
kommt es an,
sagst du.
Ich finde es zum Lachen,
glaub ich doch daran
wie du.
Nicht ob wir gegen Krieg
oder für Frieden sind,
nicht ob wir auf Sieg
oder Niederlage setzen,
wichtig nur, dass sich Einklang find,
statt sich zu fetzen.
Nicht von Bedeutung, dass du Fussballnarr,
mich das nur wenig interessiert,
egal, dass Ballett mir wichtig ist,
du eher abgeneigt dagegen bist.
Für uns zählt, dass wir gern zusammen sind,
ich bei dir meine Ruhe find.
Nicht peripher von Interesse,
Weltwirtschaft und Global Warming.
Ich nur daran messe,
was unser gemeinsames Ding:
Achtung, Toleranz und Liebe,
wünsch mir, dass es immer so bliebe

LIEBE

NOCH KEINEN TAG BEREUT
EINANDER NIE VERGESSEN
BIS HEUT
BESESSEN?

SEIT VIER JAHREN VERLIEBT
EINANDER ZUGETAN,
DASS ES SO WAS GIBT,

WANN?

IN LIEBE ZU ZWEIT,
ANGEKOMMEN,
DEN GIPFEL GEMEINSAM ERKLOMMEN,
DIE SCHÖNSTE ZEIT!

GEMEINSAM—WIR

EINANDER ERKENNEN
SICH BEIM NAMEN NENNEN
GEDANKEN AHNEN
GEMEINSAM DEN WEG SICH BAHNEN
DEN ALLTAG MEISTERN
DURCH TRÄUME GEISTERN
ZUKUNFT GESTALTEN
ERLEBTES VERWALTEN
HIGHLIGHTS ERLEBEN
VOR FREUDE ERBEBEN
GLÜCK ERHOFFEN
MITTEN INS HERZ GETROFFEN
VON DEINER LIEBE

GLÜCK

GLÜCK WILL EWIGKEIT,
DU WÜNSCHST SIE DIR
— ZU ZWEIT.
GLAUBE MIR,
MEINE LIEBE HAST DU GEWONNEN,
WEIL DU BIST WIE DU BIST.
VIER MONATE SIND ZERRONNEN,
UND ES IST WIE ES IST.
WIE EIN BLITZ MITTEN AM TAG
DURCHFÄHRT DICH DAS WISSEN,
DASS ICH DICH MAG.
DIR WIRD GANZ WARM, WILLST ES NICHT MISSEN.
MUSST MICH NICHT SEHEN,
MUSST MICH NICHT FASSEN,
UM DOCH ZU VERSTEHEN,
DU WILLST MICH NICHT LASSEN.
WIR BEIDE WISSEN GENAU,
WIR WERDEN GELIEBT!
FÜR UNS IST DER HIMMEL BLAU,
AUCH WENN'S IHM BELIEBT
ZU WEINEN.

DU HAST MICH GEFUNDEN
UND ICH DICH.
UNUMWUNDEN:

ES FINDET SICH,

WER SICH FINDEN SOLL.

UND FÜRS PROTOKOLL:

ES GIBT KEIN ANDERES ZIMMER

MEHR FÜR MICH.

ICH LIEBE FÜR IMMER,

NUR DICH.

MEIN GLÜCK

GLÜCK SPÜREN,

WISSEN, MAN HAT ES GUT,

ES ÖFFNEN SICH NEUE TÜREN,

MAN HAT IM BLUT,

ES IST NICHT SELBSTVERSTÄNDLICH,

UND FÜHLT SICH DOCH FREI.

ENDLICH !

NÄHE LEBEN UND DABEI

VÖLLIG UNGEBUNDEN

GESUNDEN.

NÄHE DURCH DISTANZ,

DAS IST DIE WEISHEIT.

EIN EWIGER TANZ,

MAN IST BEREIT,

SICH HINZUGEBEN,

KOMPROMISSE ZU MACHEN,

GEMEINSAM LEBEN,

ZUSAMMEN LACHEN.

LIEBE VERBINDET,
LIEBE TRENNT,
WER DAS NICHT VERWINDET,
DER RENNT
DEM GLÜCK HINTERHER,
WOMÖGLICH AUF IMMER
ALS WÄR'
IN EINEM ANDEREN ZIMMER
NOCH MEHR ZU FINDEN,
STÄNDIG AUF DER SUCHE,
MAN KANN SCHWER VERWINDEN,
WAS IM BUCHE
DES SCHICKSALS GESCHRIEBEN STEHT.

DIE NATUR

DER ALTE BAUM

WAS KANN ER WOHL BERICHTEN
DIESER WUNDERSAME BAUM?
SEINE JAHRE BILDEN SCHICHTEN,
ER ATMET AUS, ER NIMMT SICH RAUM.
ZIERT NUN GREEN EAGLES VIER
EIGENWILLIG, KNORRIG, SCHIER
EIN TRAUM!
NICHT EBENMÄSSIG, NICHT GESTUTZT,
GELACKT, HERAUSGEPUTZT,
DAFÜR UNGEWÖHNLICH SCHÖN,
SO MUSS MAN AUCH GREEN EAGLE SEH'N.

ZAUBERFARN

EIN FARNWALD, SO BEZAUBERND SCHÖN,
DICHT AN DICHT DIE GRÜNEN BLÄTTER,
ZU DICHT UM NUR HINDURCHZUGEHN,
AUCH BEI SCHÖNEM WETTER,

WAS MAG SICH DARIN WOHL VERBERGEN?
MUTMASSUNGEN NUR,
MANCHER REDET VON DREI ZWERGEN,
ANDERE VON DER GOLDENEN SCHNUR.

EINE SCHNUR, DIE HERZEN BINDET,
HÄLT SIE FEST ZUSAMMEN,
WER ZUERST SIE FINDET,
WIRD SOFORT ENTFLAMMEN.

GOLDENES FARNWALDGARN,
BEWACHT VON AUFMERKSAMEN DREIEN,
DU WÜNSCHT ES DIR SAMT FARN,
DIE ZWERGE WOLLEN ES NUR VERLEIHEN.

EINE LEIHGABE AN DIE LIEBE,
KÖNNTEST SIE BEHALTEN,
GEMEINSAMKEIT GESTALTEN.
SOLANGE SIE DIR BLIEBE.
EIN FARNWALD HOCH UND DICHT
LÄSST AN DORNRÖSCHEN DENKEN.
WAS DAHINTER, SIEHST DU NICHT,
KANNST DICH NOCH SO SEHR VERRENKEN.

GEDANKENSCHIFFE

WOLKEN HETZEN ÜBERS BLAU
VERÄNDERN STETIG IHRE FORM
SCHAU!
PASSEN IN KEINE NORM.
WOLKEN SIND GEDANKENSCHIFFE,
BELADEN MIT EMOTION
UMSCHIFFEN SIE BEDENKENRIFFE
DU KENNST DAS SCHON.
SCHAUST HINAUF,
KANNST VERÄNDERUNG NICHT VERHINDERN,
IM VERLAUF
VIELLEICHT BEDENKEN MINDERN?
ES BERUHIG DER WOLKEN WEG,
KANNST ENTSPANNT BETRACHTEN,
HIER EINE BRÜCKE, DORT EIN STEG,
ENTLEDIGEN SIE SICH DER FRACHTEN.

WOLKENBERGE

Wolkenballen, von Winden geschoben
Hell und Dunkel wechseln ab
segeln wie gemalt, da oben
bis zum Horizont hinab.
Wechseln beständig Farbe und Form
Geister, Monstren, und Gesichter
Eine Vielfalt ganz enorm
Kommen immer dichter
Durchkreuzen deine Fantasie
Haben eigene Geschichten
ihr Ende kennst du nie,
kannst die Bedeutung selbst gewichten.

MACH ES WIE DIE WOLKEN

Was Wolken alles können,
Täler, Höhen und auch Berge,
bis sie sich ne Pause gönnen,
Nun formier'n sich Zwerge.
Einer folgt dem andern,
ein Kleiner bleibt zurück
aber Wolken wandern
und zum Glück
holt er die andern wieder ein—
ein bisschen Wind,
so einfach kann das sein,
von Einsamkeit sich zu befreien.

WOLKENTHEATER

ICH LIEGE AUF DEM RÜCKEN
SCHAU GERADEAUS NACH OBEN
WOLKEN BILDEN BRÜCKEN
LEICHT GEBAUT UND SCHON VERSCHOBEN
NEUE FORMEN
SCHWIMMEN AUFEINANDER ZU
GEGEN ALLE NORMEN
ENTSTEHEN DORT IM NU
FANTASIEGEBILDE, MENSCH GENAU WIE TIER
JAGEN ÜBER DEN HIMMEL
GALOPPIEREN HIER
WEISSE SCHIMMEL
TOBEN , KEINER HÄLT SIE AUF
WOLKENSCHIFFE BLÄHEN IHRE SEGEL
MACHEN HEUT EINS DRAUF.
WERFEN BÄLLE GEGEN KEGEL,
DRACHEN SEH ICH UND AUCH FISCHE
HÖLLENTIER UND WASSERDINO
HOFFE, DASS DER WIND SIE MISCHE
GERADE SO,
DASS ICH DIE GESCHICHTE SCHREIBE,
SOLANG ICH AUF DEM RÜCKEN BLEIBE

GEDANKENFRACHT

WOLKENSCHIFFE SEGELN LANGSAM
EINES AM ANDEREN VORBEI
KEINES WEISS, WOHER ES KAM
IST AUCH EINERLEI.

IHRE FRACHT SIND DIE GEDANKEN
MANCHE SCHWER, ANDERE LEICHT
SCHWERE BRINGEN SIE INS WANKEN
LEICHTE SIND GERN SEICHT.

GRAUE, WEISSE — ROSAROT
AUFGEPOLSTERT ODER LEER
WELCH EIN ANBLICK SICH MIR BOT
WUNDERBARES WOLKENMEER!

AB UND AN EIN GRELLES LICHT,
SONNENSTRAHLEN STECHEN DURCH
WIE GEDANKENBLITZE
DIE SONNE SELBST, DIE SIEHT MAN NICHT.
VERSINKT IM MEER, GANZ OHNE FURCHT,
VERLOR DIE TAGESHITZE.

AUCH DEINER GEDANKEN DRINGLICHKEIT
ERLISCHT ZUM ABEND HIN
GELASSENHEIT MACHT SICH NUN BREIT,
WORIN LIEGT IHR SINN?

Morgen steigt die Sonne wieder auf,
beleuchtet neu Gedankenfracht,
auch den nächsten Tag darauf,
bescheint sie sie ganz sacht..

Willst du mitsegeln, dann steig ein.
Wohin soll die Reise gehen?
Bring deine Gedanken ein,
bleib nicht am Boden stehen.

So frei wie Wolkenschiffe,
zieht, was du und ich uns denken,
umrundet auch die Riffe,
wird es Antwort schenken?.

Gedankenboote, Wellenzier,
schaukeln weit hinaus und hier.
Mit Gedanken angefüllt,
sind sie der Wolken Spiegelbild.

GRAUGÄNSE

RUSH HOUR, 17 UHR
STAU, MORDSVERKEHR
ICH FREUE MICH NUR
UMSO MEHR,
DASS MEIN TAG ZU ENDE IST.
ICH KOMME NACH HAUSE
DU BIST
NICHT DA.

PLÖTZLICH EIN KREISCHEN IN DER LUFT,
ES HÖRT GAR NICHT AUF.
DIE LEITGANS RUFT,
DIE ANDEREN HÖREN DARAUF.
AN DIE HUNDERT GRAUGÄNSE FLIEGEN
IN PFEILFÖRMIGER FORMATION
GEN SÜDEN,
ES EILT SCHON.
TROTZDEM RÜHRT MICH DAS SCHAUSPIEL,
BESONDERS HEUTE,
ES GIBT MIR RUHE, VIEL
ZUFRIEDENHEIT UND ICH FREUTE
MICH ÜBER SOVIEL KONSENS.
EINE LEITGANS UND ALLE FOLGEN IHR.
SIE GIBT DEN WEG VOR,
WÄRE ES SO DOCH BEI MIR.
MEINE SCHÜLER FOLGEN MIR

NICHT IMMER SO KONSEQUENT,

WIE DIE GÄNSE IHR.

MANCHER RENNT

IN DIE FALSCHE RICHTUNG,

BESINNT SICH ZUM GLÜCK

WENDET MIT SCHWUNG

UND KEHRT ZURÜCK.

WÄREN SIE GÄNSE,

ES GÄBE KEIN „WENN" UND KEIN „ABER".

DISZIPLIN UND GEHORSAM

KEIN UNNÜTZES GELABER.

UMSO SCHÖNER KOMMT MIR

DAS NATURSCHAUSPIEL VOR,

DAS ICH HIER

ÜBER MEINEM GARTENTOR

HEUTE ABEND BEWUNDERN DAR

Ich hab ne Meise

Zwei Jahre wartet schon
das Nist-Haus.
Hängt da oben wie ein Thron
das Einflugloch nach Süden raus.
Lange war's nicht interessant,
unbewohnt und leer.
Bis unlängst sich ein Meeting fand,
20 Meisen oder mehr,
Durcheinander, gross Gezeter
Rumgehopse, Aufgefliege,
nur wenige paar Meter
über einer Sonnenliege.
Im Flieder wird heiss diskutiert,
wer bekommt das Haus?
Zu zweit und nicht zu viert
gehen sie als Sieger raus.
Herr und Frau Meise
beziehen ihr Heim
ganz still und leise
richten sie sich ein,
bauen ihr Nest,
werden bald Familie sein,
soviel steht fest.
Ich hab ne Meise!
ruft die Frau.
Dann bitte leise,
das wär schlau.

GEBANNT BESCHAUT SIE SICH DAS TREIBEN
WIE WUNDERBAR!
MUSS GLEICH EIN PAAR VERSE SCHREIBEN,
ER MACHT SICH GERNE RAR.

MAGIE

ER IST NUR EIN BAUM,

STEHT DA IRGENDWIE RUM.

VIELE SEHN IHN KAUM,

KÜMMERN SICH NICHT DRUM.

ALLES IST SO WICHTIG,

VIEL BOHEI UM NICHTS.

WAS ZÄHLT DA SCHON EIN BAUM,

WENN GANZ ANDERES DEIN TRAUM?

DABEI IST DIESER BAUM SO EINER,

DER MIT SEINER KRAFT

- WIE KEINER-

ENERGIE DIR SCHAFFT.

UMARME IHN UND SCHLIESS DIE AUGEN,

SPÜRE HIN, WAS DANN GESCHIEHT,

KANNST HIER KRÄFTE SAUGEN,

EGAL, WENN'S EINER SIEHT.

SEINE WURZELN, TIEF IM ERDREICH,

VERBINDEN DICH UND HIER,

DU SPÜRST SOGLEICH

DIE ENERGIE IN DIR.

WENN DU GLAUBST, DU HAST GENUG GETANKT,

SAG „BIS BALD", DEM BAUME DANK.

Bei Licht

Menschen blühen auf im Licht,
fällt es von der Seite ein,
ihre Fehler sieht man nicht,
manchmal trügt der Schein.
Wenn das Licht von vorn erschreckt,
gibt es kein Verstecken.
Die Wahrheit wird mit Macht entdeckt,
auch die in dunklen Ecken

Transport

Wolkenschiffe schweben,
verändern sich
mal eben,
tragen dich
wohin auch immer
dein Traum.
Verirren sich nimmer,
denn kaum,
dass du aufgestiegen
beginnst du ganz ohne Ziel
durch dein Leben zu fliegen
— ein fast endloses Spiel.

DIE ROSE

SANFT ENTFALTET SICH DIE ROSE
GERAD NOCH KNOSPE GLEICH SCHON PRACHT
WIRFT SIE SICH IN GROSSE POSE
SCHÖNHEIT, DASS ES KRACHT.

BLÜTENBLÄTTER, SCHÖN UND GLATT.
ELEGANT GESCHWUNGEN
DUFTET SIE SO SATT,
DAVON WIRD SOGAR GESUNGEN.

BETÖRT EINEN JEDEN,
DIESE ENGLISCHE SCHÖNE,
LÄSST VOR EHRFURCHT DICH ERBEBEN
GEWISS, DASS MAN IHR FRÖNE.

AM ENDE WELKT SIE
WIE ALLE WESEN
SCHÖN BLEIBT MAN NIE
IM BUCH DES LEBENS ZU LESEN.

DIE SPINNE

SIE HAT EIN NETZ GEMACHT
HOCH ÜBER DEM WEG,
HAT SICH GEDACHT
ES VERSCHÖNERT DEN STEG,
DAS KUNSTVOLLE GESPINST.
NUR BEI KÄLTE IST'S SCHÖN,
WIRD'S WARM,
IST NICHTS MEHR ZU SEH'N.

HUUUIIII!

STURMBOEN FEGEN ÜBERS FELD
HALME BIEGEN SICH DARNIEDER
MANCHE FRUCHT SCHON FÄLLT
ANDERE ERHOLN SICH WIEDER

BIENEN KLAMMERN SICH AN BLÜTEN
WERDEN HEFTIG DURCHGERÜTTELT
SOLLTEN SICH WOHL BESSER HÜTEN
WERDEN SONST SCHNELL ABGESCHÜTTELT.

FLÜGEL AUFRECHT WIE PROPELLER
SCHON BEREIT ZUM START
STURM WEHT IMMER SCHNELLER
IST SELTEN HIER VON DIESER ART

SELBST DIE TAUBEN AUF DEM DACH
HOCHGERAFFT DAS FEDERKLEID
MACHEN HEUT GEHÖRIG KRACH
MAN HÖRT SIE WEIT UND BREIT.
BUSSARDS FEDERN WIE DER KRAGEN
EINER ELEGANTEN DAME
MAN KÖNNTE FRAGEN
WIE DES SCHNEIDERS NAME.
STURMBOEN KOMMEN JETZT ZUR RUH,
ERSCHLAFFEN, WOLLEN NICHT MEHR HETZEN
WIR SEHEN ZU,
WISSEN ES ZU SCHÄTZEN.

SO KLAR WIE WASSER

WASSERTROPFEN,

DIE AN DEIN FENSTER KLOPFEN,

VERÄNDERN SICH

IN IHRER FORM

WIE DU AUCH DICH

JENSEITS DER NORM

DURCHSICHTIG, KLAR

GANZ PUR

EHRLICH UND WAHR

DABEI KEINE SPUR

KOKETT

WIE NETT

WÄR DOCH ALLES IM LEBEN

SO KLAR WIE DU

ES KÖNNT VIEL SCHÖNES GEBEN

UND DAZU

DIESE WASSERTROPFEN,

DIE AN DIE SCHEIBE KLOPFEN..

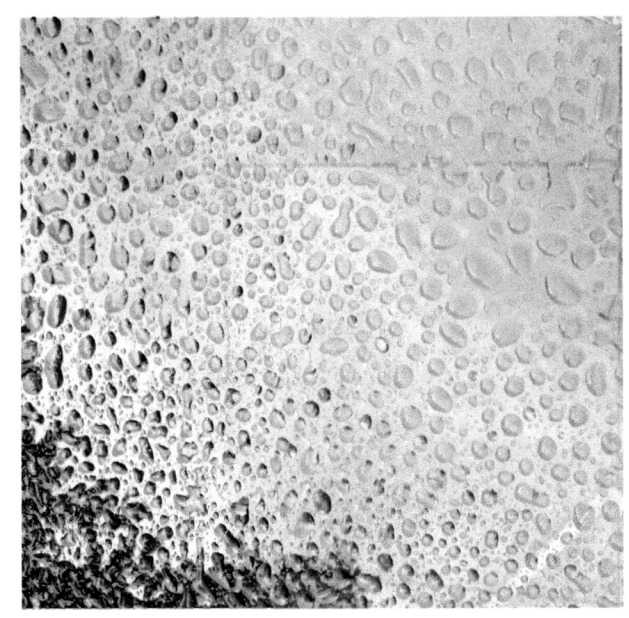

IMMER DIESER SEE

TIEF UND SCHWARZ ERSCHEINT DER WEIHER,
MYSTISCH UND VERZAUBERT GAR
FORT SIND STORCH UND REIHER
RUHE JETZT WO NOCH ZUVOR
FROSCHGEQUAK ZU HÖREN WAR,
MAN WÄRE WOHL EIN TOR,
WÜRDE MAN GLAUBEN,
ES KÖNNT DEN SCHLAF MIR RAUBEN.
UND DOCH — DIE WAHRHEIT IST,
DASS ICH AM UFER STEHE,
WISSEN MÖCHT, WIE TIEF ER MISST.

Was bewegt sich auf dem Grund?
Wesen die ich jetzt nicht sehe?
Wasserelfchen, zart und bunt?
Dunkle Ungeheuer
oder Wunderfeuer?
Bald graut der Morgen,
die Sonne spiegelt auf dem See,
werde ein wenig Licht mir borgen,
für die schöne Wasserfee.

Wald ist Geschichte

Der Boden weich,
schwingt bei jedem Tritt.
Fühlst dich wohl und reich,
wie auf dickem Teppich, jeder Schritt,
Hunderte von Schichten
altes Laub
Jahr um Jahr verdichten,
die untersten schon Staub.
Du darfst heute drüber gehen,
darfst auf der Geschichte stehen.
Was Generationen angestrebt,
hat dieser Wald erlebt.
Wenn doch jegliche Erfahrung
endete so leicht,
so angenehm und weich
von zartem Duft nach Moder.

WASSERGEIST

WOLKENBERGE
NEBELZWERGE
SEESCHLANGEN
FANGEN
DICH.
WOLKEN BERGEN SICH.
ZWERGE NEBELN,
SEEN SCHLÄNGELN,
UMFANGEN DICH.

WASSERGEIST
ZEUGT ZARTE WESEN
VERTREIBT ANDERE DREIST
ALS WÄRN SIE NICHT GEWESEN.

SPIELBALL DER NATUR,
AUSTAUSCHBAR
DOCH WUNDERBAR
SIND WIR NUR.

GEISTER

WASSERGEISTER
IMMER DREISTER
SPIELEN MIT DIR SCHABERNACK.

NEBELZWERGE
HINTERM BERGE
VERWIRREN DICH ZU GERN.

SEESCHLANGEN,
DIE DICH FANGEN,
TAUCHEN AB SOFORT.

LEUCHTKÄFER
KLEINE SCHLÄFER,
SIND AN JEDEM ORT.

WUNDERSAM

EISKRISTALLE, SO BIZARR UND SCHÖN
BESETZEN ZART DAS GRAS.
BLUMEN UND STERNE KANN MAN SEH'N,
SO WUNDERSAM, SO KRASS.
WENN'S KALT GENUG,
DIE SONN' NICHT SCHEINT,
SIND SIE AM ZUG,
ALLE VEREINT.
STERNENKETTEN AUS EIS
ZIEREN DIE NATUR,
WIE JEDER WEISS,
TUN SIE'S IM WINTER NUR.

BEDEUTUNGSLOS UND DOCH..

DU ALTER WALD, MIT DEINEN MOOSBEWACHSENEN BÄUMEN,
BEHERBERGST LEBEWESEN VIELER ART
LIEFERST MIR REICHLICH STOFF ZUM TRÄUMEN
BIZARRE FORMEN, SEHR APART.
PILZE KUSCHELN SICH IN WURZELN,
DICHT AN DICHT GEDRÄNGT.
REIFE EICHELN PURZELN
AUF JUNGE BÄUME, EINGEZWÄNGT
IN BROMBEERHECKEN, DORNBEWAFFNET.
ZIEREN GANZE LICHTUNGEN
IN SPINNENNETZEN SIND FLIEGEN VERHAFTET
IN SEIDENFÄDEN GEZWUNGEN
EIN SCHÖNER TOD VON LUXUS EINGEHÜLLT,
SIND SIE NUN BEUTE.
DAS KLEINE FLIEGENLEBEN IST ERFÜLLT.
KEIN MORGEN MEHR, NUR GESTERN NOCH UND HEUTE.

ZUSTÄNDE

EISKRISTALLE, SO BIZARR UND SCHÖN
BESETZEN ZART DAS GRAS.
BLUMEN UND STERNE KANN MAN SEH'N,
SO WUNDERSAM, SO KRASS.
WENN'S KALT GENUG,
DIE SONN' NICHT SCHEINT,
SIND SIE AM ZUG,
ALLE VEREINT.
STERNENKETTEN AUS EIS
ZIEREN DIE NATUR,
WIE JEDER WEISS,
TUN SIE'S IM WINTER NUR.

Füsse im Gras

Hinterlassen Spuren
Füsse werden nass
Sonne kommt auf Touren
Einkristalle schmelzen
Kinder spielen dort
Manche, die im Schnee sich wälzen,
wollen heute nicht mehr fort.
Menschen blühen auf im Licht,
fällt es von der Seite ein,
Ihre Fehler sieht man nicht,
manchmal trügt der Schein.
Wenn das Licht von vorn erschreckt,
gibt es kein Verstecken.
Die Wahrheit wird entdeckt,
auch die in dunklen Ecken.

WUNDERBAR

VERSONNEN SCHAU ICH IN DEN GARTEN,

WELCHE PRACHT UMGIBT MICH HIER.

KANN ES KAUM ERWARTEN,

TEILE SIE MIT DIR.

DÜFTE STREITEN MITEINANDER,

WER IST STÄRKER, WER BETÖRT?

WUNDERBAR, DER OLEANDER,

DER JASMIN MICH FAST VERSTÖRT.

SCHLIESS DIE AUGEN,

SPÜR DIE LÜFTE

MÖCHTEST EIN SIE SAUGEN

DIESE DÜFTE.

WUNDERSAM, VIEL SCHÖNER NOCH

ALS JE GEDACHT.

MONOGAM, DER SCHWAN

ÜBER UNS ERTÖNT EIN RAUSCHEN,
REGELMÄSSIG, UND NICHT LEISE.
WIR LAUSCHEN,
ERLEBEN HIER AUF DIESE WEISE,
WIE EIN SCHWANENPAAR DEN HIMMEL QUERT,
DICHT ÜBER UNSEREN KÖPFEN, GANZ SYNCHRON
IHRER SCHWINGEN NUR EIN TON.
SIE AN SEINER SEITE,
ER DICHT NEBEN IHR,
ERSCHLIESSEN SIE DIE WEITE
UND AUCH UNSERE TEICHE HIER.
MONOGAM EIN LEBEN LANG
NICHT NUR IHRER FLÜGEL KLANG.
WERDEN WIR DAS SCHAFFEN?
ODER BEWUNDERND NUR, IN DEN HIMMEL GAFFEN?

254

JAHRESZEITEN

JAHRESWECHSEL

Der wind tobt unwirsch in den zweigen
Äste , Blätter sind zerzaust
Spielt den altbekannten Reigen
Manchem vor der Kälte graust.
Wieder ist es an der Zeit
Loszulassen von dem Jahr
Die Natur ist schon bereit
Du findest noch ein Haar
In der jahressuppe
rühren Möchtest du noch mal
Alles andere ist dir schnuppe
Abschied nehmen eine Qual.
Wie der Baum die Blätter lässt,
gib auch du das Jahr nun hin.
Es festzuhalten wär der Rest,
und macht auch keinen Sinn.
Schliess ab, schlage um die Seite
Öffne bald ein neues Buch,
sei bereit in ganzer Breite
2018 hat davon genug!
Frisches Grün erwartet dich,
alles ganz von vorn
Draussen wird es wieder licht
Verflogen dann der Winterzorn.
Das neue Jahr öffnet sich dir,
geniesse jede Seite - jetzt und hier.

DER LETZTE TAG IM JAHR

SILVESTER – DER LETZTE TAG
ICH MAG
EINEN RÜCKBLICK WAGEN.
SOLL ICH SAGEN,
IM NÄCHSTEN JAHR MUSS ICH WAS ANDERS MACHEN?
WILL ÜBER UNWICHTIGES LACHEN,
STATT MICH AUFZUREGEN.
WILL GANZ VERWEGEN
NEUES PROBIEREN.
WERDE MICH NICHT GENIEREN,
WENN ES DANEBEN GEHT.
JEDER NEUBEGINN STEHT
ALLEIN FÜR SICH.
VÖLLIG ANDERS WAR DAS LETZTE JAHR.
SOVIEL GLÜCK FÜRWAHR,
KANN ES KAUM FASSEN,
NIEMAND BLEIBT GELASSEN,
WENN DAS LEBEN IHN SO VERWÖHNT.
2011 HAT MICH VERSÖHNT
MIT LANGER ZEIT DES HOFFENS,
ALS SO VIELE WÜNSCHE OFFEN.
DIE SEHNSUCHT NACH DEM MANN,
DER BESTEHEN KANN,
DER STARK GENUG IST
STÄRKE ZU ERTRAGEN,
DER SO SCHÖN IST,
MAG'S KAUM SAGEN!

So ehrlich, so verlässlich,

manchmal kindlich,

und doch ganz Mann,

der verbindlich

sich zu mir bekennen kann.

Wünsche für das, was kommt?

Der Gedanke kommt prompt,

dass alles so bliebe,

mehr von dieser Liebe,

weiter voller Achtung gemeinsam,

niemals einsam,

durch unser Leben gehen,

in jeder Lage zueinander stehen.

Besonders in schweren Zeiten

den anderen begleiten,

im Glück ist es leicht.

Rückblick – Vorschau

Wieder ist er da,
der letzte Tag im Jahr.
Wie im Flug ist es vergangen.
In Gedanken nachgehangen,
fragst du dich
Was hat sich ergeben?
Was lohnt sich für mich,
im neuen Jahr anzustreben?
Nicht dass Ruhm und Ehr,
gar nichts wär!
Doch Ruhe und Zufriedenheit,
bist du dafür schon bereit?
Willst du im neuen Jahr,
die Spreu vom Weizen trennen?
Bist du gewahr,
nicht Falschem nachzurennen?
Zieh' heute die Bilanz,
was war, was soll noch werden?
Lass dich ein auf diesen Tanz
Zeit ist später für Beschwerden!

ALLES NICHTS

WIEDER GEHT EIN JAHR ZU ENDE
WAS HAT ES DIR GEBRACHT?
HATTEST DU DIE CHANCE ZUR WENDE?
HAT'S BEI DIR GEKRACHT?
ZEIGTE DEIN SCHICKSAL DIR DIE ZÄHNE
TRIEFEND VOLLER HÄME?
LIESSEST DU GEDANKEN SPRIESSEN?
LEBTEST FANTASIEN DU AUS?
KONNTEST DU GENIESSEN?
MACHTEST DU WAS DRAUS?
VIELE FRAGEN, KEINE WICHTIG!
WENN DU DIE ZEIT GENOSSEN, DANN WAR'S RICHTIG.

Hoffnung zum Jahreswechsel

Wieder geht ein Jahr zu Ende,
wieder denken wir zurück
Bracht' es die erhoffte Wende,
kehrte ein das grosse Glück?
Konnt' es tilgen alte Sorgen,
oder kamen neue auf?
Plane nicht das Morgen,
freue dich darauf.
Hat das Glück sich Zeit gelassen,
sind die Sorgen nicht verflogen?
Werden sie doch bald verblassen,
Schicksal hat noch nie gelogen.
Das Neue Jahr wird dein,
hab Mut!
Fühlst du dich auch heut noch klein,
wird doch morgen alles gut.

Was bringt das Neue Jahr?

Das Jahr geht zu Ende.
Was wird das Neue bringen?
Vielleicht die Wende
hin zu ganz anderen Dingen?
Was könnte besser sein?
Wonach sehnst du dich?
Nach schönem Schein
oder Realität an sich?
Entscheidung fordert dein Leben,
musst dich überwinden,
dich auf neue Wege begeben.
den Absprung finden.
Trau dich, pack es an!
Du bist nicht allein.
Dann und wann
gedenke mein.
Brich auf in den Rest deines Lebens
starte deine Zukunft,
aktiv und voll des Gebens,
begleitet von Vernunft.
Nichts bleibt wie es ist.
Geht es dir gut,
sei glücklich, wie Du bist,
und voller Lebensmut.

ADVENT

ES STÜRMT
LICHTERKETTEN TANZEN IM WIND.
VOR DER TÜR TÜRMT
SICH EIN BLÄTTERBERG GESCHWIND.
KINDER JAGEN BLÄTTER
KREISCHEN LAUT,
WENN DER STURM
SIE IHNEN UM DIE OHREN HAUT.
BESINNLICHKEIT,
ZEIT DES ADVENT.
MANCHE HASTEN ZU ZWEIT,
MANCHER RENNT.
WEIHNACHTEN NAHT MIT MACHT.
WAS SCHENKT MAN WEM?
ICH FRAGE MICH SACHT
MUSS DAS SEIN? ZUDEM
HAT JEDER SCHON DAS MEISTE.
SOLLTE ICH NICHT
FREIER SEIN IM GEISTE?
MICH LÖSEN VON ÜBLICHEN ZWÄNGEN,
ZUM NACHDENKEN ANREGEN,
AUFS WESENTLICHE DRÄNGEN?
ADVENTSZEIT
WIE JEDES JAHR BEREIT,
SICH AUF NÄHE,
AUF MENSCHLICHKEIT ZU BESINNEN
UND GANZ TIEF DRINNEN,

ALS OB ES NICHT JEDER SÄHE,

ZU WISSEN,

DASS ES TUGENDEN FÜRS GANZE JAHR.

DEN KINDERN VORLEBEN,

WAS WIRKLICH WICHTIG IST.

NICHT VOR KAUFLUST ERBEBEN,

NICHT ANHÄUFEN DEN MIST.

BEDÜRFNISSE ÜBERDENKEN,

PERSÖNLICHES SCHENKEN,

VOR ALLEM ZEIT.

SCHAU HIN, SEI BEREIT

WINTER

Ob du es willst oder auch nicht,
irgendwann wird er nun kommen.
Erst mangelt es an Licht,
du fröstelst ganz beklommen.
Milchig gelb wird es da draussen.
So kündigt er sich an.
Plötzlich rieselt es dort aussen,
und er ist heran.

Erste Flocken taumeln
wie besoffen jetzt zur Erde,
letzte Blätter baumeln
warten, dass es Winter werde.
Flocke türmt sich nun auf Flocke,
an der Leine hängt ne Socke,
die bald überdeckt,
unter Weissem wohl versteckt.

Voller Sehnsucht schaut das Kind,
denkt schon an den Schlitten.
Da fegt ein steifer Wind,
ein Hut rollt über den Asphalt,
Das möchte ich mir verbitten!
Dem Herren wird es kalt.
Ein anderer der's gesehen hat,
„Hab ihn!" ruft er „Halt!"
tritt ihn mit einem Fusse platt.

AM HIMMEL ZIEHEN SCHWER BELADEN

DICKE, GRAUE WOLKENSCHIFFE.

BRINGEN KEINEN SCHADEN,

UMFAHREN HOHE SCHORNSTEINRIFFE,

SO SCHNELL, WIE SIE GEKOMMEN,

LICHTET'S SICH DAHINTER.

DAS DUNKLE IST VERSCHWOMMEN,

ES IST WINTER.

Das Neue

Was wird es dir bringen,
das Neue Jahr?
Grund zum Singen
oder gar
Anlass zum Jubeln?
Das Letzte war
abwechslungsreich,
spielte dir so manchen Streich
möchtest es nicht doubeln.
So hoffst du nun
auf das, was kommt,
wenn du in neuen Schuh'n
dein Leben weitergehst,
und prompt
dort stehst,
wo du entscheidest,
wohin dein Weg dich führt
oder es vermeidest.
Hast längst gespürt,
dass die Richtung vorgegeben
in diesem, deinem Leben.

ENDLOS WINTER

FRÜHLINGSANFANG – MÄRZ
UND PLÖTZLICH WIEDER SCHNEE –
KEIN SCHERZ!
WEISS, WOHIN ICH SEH.
DICKE FLOCKEN
ROCKEN
DEN FRÜHLING.

WINTERTAGE
DIE LUFT
SCHNEIDEND UND KALT
OHNE KLAGE
OHNE DUFT
UND BALD
IST ZUGEFROREN DER TEICH,
UNTER DICKEM EIS
SCHWANENVATERS REICH
JEDE LANDUNG RISIKO
AUF HEISSEN FÜSSEN
ODER SO

SCHNEEFLOCKEN TAUMELN
MÜDE VON OBEN
MANCHE AN DER PINIE BAUMELN
ANDERE TOBEN
AUSGELASSEN IM WIND
UND STAUNEND PRÜFT DAS KIND

OB DAS EIS WOHL HÄLT
BEVOR ES AUF DIE NASE FÄLLT

SCHWANENVATER
KRÄFTIG MIT DEN FLÜGELN SCHLÄGT
AM RANDE STEHT EIN SCHWARZER KATER
ER WEISS, DASS DIESES EIS IHN TRÄGT

ES IST SOWEIT.

DER TEICH IST ZUGEFROREN.
KINDER KOMMEN ANGELAUFEN,
HOLEN SICH ROTE OHREN.
ÜBERALL SIND MENSCHENHAUFEN,
DIE SICH AUF DEM EISE SAMMELN.
FANGEN SPIELEN IST ANGESAGT,
ODER AUF DEM EIS ZU GAMMELN.
SCHON ÖFFNEN BUDEN UNGEFRAGT,
CURRYWURST UND FRITTEN,
GLÜHWEIN UND PUNSCH.
EINE DISCO SCHALLT INMITTEN
SPIELT AUF DEINEN WUNSCH.
AUCH DICH TREIBT ES AUF DAS EIS.
MUSST DIR HEUT BEWEISEN,
WAS ICH SCHON LANGE WEISS.
KANNST AUF DEM EISE KREISEN,
FÄHRST WUNDERSAME BAHNEN,
UND WER KANN SCHON AHNEN,

WANN ES WIEDER SOWEIT IST,
DASS DAS EIS 20 ZENTIMETER MISST.
WINTER, UND WAS DANN?

ÜBERMÜTIG TOLLEN BLÄTTER
ÜBER FELDER UND ALLEEN
EIN HERBSTWIND, EIN GANZ NETTER,
LÄSST SIE NICHT STILLE STEHEN.
MACHT SICH LUSTIG ÜBER ABGEFALLENES LAUB,
DAS BEI DIESEM WETTER
BALD ZERFÄLLT ZU STAUB.

EIN SONNENSTRAHL, DER SICH AUS WOLKEN STIEHLT,
KANN DARAN AUCH NICHTS ÄNDERN.
DER WIND SICH AN DIE ZEIT NUR HIELT,
DIE KOMMT IN PASSENDEN GEWÄNDERN.
HERBST FOLGT DEM SOMMER BALD,
FRISCHES GRÜN MUSS DUNKLEM WEICHEN.
NICHT NUR BLÄTTER WERDEN ALT,
AN BUCHEN UND AN EICHEN.

AUCH IN DEINEM LEBEN
IST DER SOMMER NUN VORBEI.
WENIG NÜTZT DAS GANZE STREBEN
NACH JUGEND, SCHÖNHEIT, TANDERADEI.
WIE EIN ABGEFALLENES BLATT
WINDEST DU DICH HIER UND DA.
MANCHER KEINE RICHTUNG HAT,

KEIN ZIEL MEHR, DAS ER EINST DOCH SAH.

BEVOR DER WINTER KOMMT MIT KALTEM SCHRITT,
SIND DIE BLÄTTER LÄNGST GESCHICHTE.
BRINGT ER DICH NUN AUS DEM TRITT,
MACH ES WIE DIE FICHTE.
SEI FLEXIBEL, TROTZE DER ZEIT,
NIMM LEICHT, DASS ES NUN WINTER
MÖGLICHKEITEN WEIT UND BREIT
VIELLEICHT NOCH MEHR DAHINTER?

Für alle, die im April Geburtstag haben

Wieder fällt der Frühling aus.
Eben grad noch Winter,
kommt alsbald die Sonne raus
mit Temperaturen gleich dahinter,
die man nur Sommer nennen kann.
29 heisse Grade
mitten im April
es ist nur jammer schade,
dass die keiner will.
So ein zarter, milder Frühling,
ja, der wäre ideal,
wenn die Amsel leise singt,
das wäre meine Wahl.
Wenn die ersten Bienen
auf dem Weg zur Arbeit sind,
wovon die meisten fleissig dienen,
so lernt es jedes Kind.
Nicht nur Arbeit ist der Frühling,
auch der Verliebten Zeit ist reif,
Träume fast wie Zaubersterne,
bilden Muster, Wolkenschweif,
in all dem Blau schön anzusehen,
machen Hoffnung, glaube gerne,
dass Wünsche in Erfüllung gehen.
Du bist ein echtes Frühlingskind,
zart, doch unendlich stark.
Wo solche sind,
verweile.

SCHIETWETTER! – TJA.

WILL DIESES WETTER NIEMALS ENDEN?
SICH ANDEREM ZUWENDEN,
ALS NASSES UND STURM ZU SENDEN?

WILL DIE SONNE NICHT MEHR SCHEINEN,
SICH MIT BLAUEM HIMMEL EINEN?

WILL MICH NICHT EINLASSEN
AUF DIESE MONATE IM NASSEN

WILL ENDLICH FRÜHLING SPÜREN
WENN AUFBRUCH KLOPFT AN ALLE TÜREN
DABEI – DAS JAHR HAT GERADE ERST BEGONNEN!!

WILL MILDE LÜFTE, FRÜHLINGSDUFT,
DAS NEUE JAHR VON WEITEM RUFT!
..UND HAT DOCH NOCH DIE BREMSE ANGEZOGEN.

CARPE DIEM , LEICHT GESAGT,
WENN MAN ÜBERS WETTER KLAGT.
DABEI KOMMT ALLES, WIE ES SOLL.

VIELE WIRD DAS NICHT TANGIEREN,
OBWOHL MANCHE KRÄFTIG FRIEREN,
IN IHREM LEBEN.

UNWETTER!

LÄNGER, GRÖSSER, WEITER
MASSLOS VON NATUR
IMMER HÖHER AUF DER LEITER
GEWINN UND MACHT UND NUR
DER VORTEIL ZÄHLT
OHNE RÜCKSICHT AUF DIE UMWELT
DER MENSCH, ER WÄHLT
DAS GELD.
DOCH DIE NATUR,
SIE WEHRT SICH
ZEIGT SICH STUR
WILL NICHT!
EIN TORNADO IN DER STADT
STRASSEN WERDEN FLÜSSE
WASSER ÜBERALL
REGENGÜSSE
ES NÜTZT KEIN WALL
DER MENSCH KEINE WAHL HAT.
ER LERNT, ER IST SEHR KLEIN,
SCHLAUER SOLLTE ER SEIN.

FRÜHLING

ES IST EIN TOLLES DING
WENN NACH LANGEN WINTERTAGEN
— PLING!
SICH BLUMEN AUS DEM RASEN WAGEN!
SICH FALTEN UND DRÄNGELN
AN ZARTGRÜNEN STÄNGELN
VOLL HOFFNUNG IM WINDE SICH BIEGEN,
UM SICH GLEICH ZART ANEINANDER ZU SCHMIEGEN.

ES IST EIN TOLLES DING,
WENN AN FRISCHEN FRÜHLINGSTAGEN
— PLING!
STIMMUNGEN SICH WEITERTRAGEN!
ES JUNG UND ALT
ANS WASSER DRÄNGT
UND BALD
SICH DORT AUF BÄNKEN ZWÄNGT.

ES IST EIN TOLLES DING,
WENN NACH MONATEN DER VÖLLEREI
— PLING!
VIELE NUN DABEI
ZU HUNGERN UND ZU FASTEN,
MANCHER VOLLER HOFFNUNG GAR,
OHNE JE ZU RASTEN,
AUF DIE FIGUR VOM LETZTEN JAHR.

ES IST EIN TOLLES DING,
WENN NACH MONATEN DER SEHNSUCHT
– PLING!
DIE SONNE SCHLÄGT DEN WINTER IN DIE FLUCHT.
MIT IHREN STRAHLEN WÄRMT UND LOCKT,
SIE KNOSPEN, DIE AN ZWEIGEN ANGEDOCKT
WIEDER UND WIEDER, ALLES BEGINNT,
BIS ER, WIE JEDER FRÜHLING, IM SOMMER VERRINNT.

FRÜHLING LACHT

ES IST SOWEIT
SEHNSUCHT MACHT SICH BREIT
SEHNSUCHT NACH WÄRME UND LICHT
WENN DIE SONNE MORGENS DURCH DIE WOLKEN BRICHT
WENN DIE VÖGEL ZWITSCHERN, DICH WILLKOMMEN HEISSEN
WENN UNGEDULD UND TRÄUME AN DIR REISSEN
DANN NAHT ER, DER FRÜHLING, MIT MACHT.
WIE ER KLINGT, KÖNNTE GLAUBEN, ER LACHT!

FRÜHLING 2

UNGEDULD!
WER IST SCHULD,
DASS ES NOCH SO KALT?
DABEI MUSS DOCH BALD
DIE SONNE WIEDER SCHEINEN.

FRÜHE VÖGEL ZWITSCHERN SCHON.
IST ES DA NICHT BLANKER HOHN,
WENN IN STRÖMEN REGEN FLIESST
UND SICH ÜBERALL ERGIESST?

ES IST ZU SPÜREN,
FRÜHLING WARTET HINTER TÜREN,
DIE NICHT MEHR LANG GESCHLOSSEN.
BALD KOMMEN SIE HERVOR GESCHOSSEN,
KNOSPEN ÜBERALL.

FORSYTHIEN, GELB UND STRAHLEND,
BLÜTEN WIE STERNE HELL.
KANN MAN NICHT SCHÖNER MALEN,
KOMMEN NUN GANZ SCHNELL.

KROKUSS UND NARZISSEN
STRECKEN VORSICHTIG DIE KÖPFE RAUS,
AUS DEM RASENKISSEN
GLEICH VOR DEINEM HAUS.

Das Märzbecherchen als erstes kam,
sich ein Plätzchen an der Mauer nahm.
Andere folgen bald,
ist es nicht mehr ganz so kalt.

Menschen werden leicht nervös,
reagieren desaströs,
wenn die Aussicht auf Frühling,
jedermann in ihrem Netze fing.

Aufbruchsstimmung, Drang nach vorn,
viele fühlen das als Ansporn,
sich aufzumachen, Neues zu probieren
man hat nichts zu verlieren.

Frauen wollen andere Frisuren,
die Möbel werden umgestellt.
Manche mäkeln an ihren Figuren,
Nichts ist leicht auf dieser Welt.

Sehnsucht keimt auf bei vielen,
der Traum von einer neuen Liebe.
Verlangen nach dem passenden Gespielen,
und dass er bliebe..,

Dass er bliebe über den Frühling hinaus,
man sich ergänze, auf Augenhöhe lebe,
alles leicht würde und schön
und man zusammen nach Ewigkeit strebe.

JAHR DEINES LEBENS

WIEDER EIN SOMMER VORÜBER,
REGEN, WIND, BLÄTTER TOBEN
VON DEN BÄUMEN OBEN.
WIR LÄCHELN DRÜBER.

LÄCHELN VOLL WEHMUT,
DENN AUCH DIESES JAHR,
WAR EIN JAHR UNSERES LEBENS, FÜRWAHR,
VERLOSCHEN DIE GLUT.

KÜRZER WERDEN DIE TAGE,
SCHON UM FÜNF SCHWINDET DAS LICHT.
AUFHALTEN KANN MAN ES NICHT,
FÜR MANCHEN EINE PLAGE.

DIE ABENDE LANG,
KERZEN BRENNEN,
VORBEI DAS RENNEN,
SCHALTE RUNTER DEN GANG.

BESINNE DICH,
WAS GAB DIR DAS JAHR?
IST ES WAHR,
DASS ES BEGLÜCKTE DICH?

ODER BRACHTE ES NOT?

SORGEN, BEDRÄNGNIS,
DIR EIN GEFÄNGNIS,
VOLL AUS DEM LOT?

WIE ES AUCH WAR,
ES IST WIE ES IST,
WENN DU NICHT ZUFRIEDEN BIST,
ENTSCHEIDE DICH KLAR.

NOCH EIN PAAR MONDE, DANN
WERDEN DIE TAGE WIEDER HELLER.
WIR LEBEN SOFORT SCHNELLER
FRAGEN UNGEDULDIG „WANN"?

BEÄNGSTIGEND DIE LETZTE FRAGE,
WIE OFT NOCH DIES GEFÜHL?
WANN WIRD ES UM UNS KÜHL,
WANN KOMMT DIE LETZTE KLAGE?

FRÜHLING 3

SONNE PUR.
DIE UHR
VORGESTELLT,
AUFGEHELLT
DER ABEND.

SOMMERZEIT.
WIEDER SOWEIT.
MORGENS NOCH KALT,
ABER BALD
SOMMER.

WIR GENIESSEN,
DASS KROKUSSE SPRIESSEN,
DASS KNOSPEN PLATZEN
KATZENTATZEN
ÜBERALL.

DU UND ICH,
DAS PAAR AN SICH.
ÖFFNE DIE TÜREN,
LASS UNS SPÜREN,
ES GEHT LOS!

SONNE IM GARTEN,
WORAUF WARTEN?
RAUS AUF DEN GOLFPLATZ

KEINE HATZ!
DU GEWINNST SOWIESO.

DABEI SIND WIR BEIDE SIEGER,
SCHAU ZURÜCK!
WAREN LANGE GENUG KRIEGER,
JETZT IM GLÜCK.
NOCH IST UNSERE LIEBE IM FRÜHLING.

DER SCHÖNSTE MAI SEIT JAHREN

ES BLÜHT UND GRÜNT IM GARTEN
DU KANNST ES KAUM ERWARTEN,
DASS WIEDER NEUE PRACHT
SICH VORBEREITET ÜBER NACHT.
IN ZARTEN FARBEN STRAHLEN SIE,
SCHÖNER WARN SIE NIE!
VON DER SONNE WACHGEKÜSST, ERBLÜHT
PRÄCHTIG ANZUSCHAUEN, DOCH VERFRÜHT,
ZU GLAUBEN, DAS SEI NUN GENUG,
NATUR, DIE MACHT DICH KLUG.
FARBEN WIE MUSIK, DEN GARTEN KLINGEN LASSEN,
KANNST DU IHRE PRACHT UND SCHÖNHEIT FASSEN?

BLÜTE

IST DAS SOMMER, WENN DIE SONNE BRÜLLT?
WENN DU AUFWACHST UND SCHON LÄCHELST?
OBWOHL, DEIN BLICK NOCH LEICHT VERHÜLLT,
DU VOM ABEND JETZT EIN WENIG SCHWÄCHELST
GEHT DOCH DEIN GANZES STREBEN
NACH DRAUSSEN IN DEIN LEBEN.

VOLLER TATENDRANG
HINEIN INS BUNTE TREIBEN
STRESS MACHT DIR HEUT GAR NICHTS AUS
VOLLER ÜBERSCHWANG
WILLST DU GERN EWIG BLEIBEN
SEI KLUG UND MACH WAS GUTES DRAUS.

WEHMUT

LANG WAR ER,
DER SOMMER.
UND HEISS.
HATTEN UNS GEWÖHNT
AN TREIBENDEN SCHWEISS,
MIT DER HITZE VERSÖHNT.
NUN PLÖTZLICH NUR 13°
EIN NACHGESCHMACK.
SO FAD.

DER SOMMER NUR MEHR
ERINNERUNG
VERMISSEN IHN SCHON SEHR
FEHLT DOCH DER SCHWUNG,
WENN DIE SONNE SELTEN WIRD.
DAS KLIMA SCHEINT UNS FAST VERKEHRT.
KALTE MONATE FOLGEN NUN,
DUNKELHEIT,
ANDERES TUN.
WINDE UND KAHLE BÄUME
ICH SCHLIESSE DIE AUGEN
UND TRÄUME.

Jeder Sommer geht zu Ende

Auch der schönste Sommer geht
irgendwann zu Ende.
Wenn dann doch der Herbstwind weht,
ist sie da, die Wende.
Trocknes Laub herumgewirbelt
Haare feucht und klamm.
Trockne Gräser aufgezwirbelt,
Erde wird zu Schlamm.
Das gleiche Drama jedes Jahr
doch überall nur Stöhnen,
klar
keiner will sich dran gewöhnen.
So früh dunkel,
so spät Licht,
geniess der Sterne Funkeln
denn ändern kannst du's nicht.

Longing for summer

Winter days
Changing light
Darkness prays
No sun bright
Stormy weather
Rainy time
Come together
Love is prime
Makes you bear this climate
Don't you dare
Climb the summit
Never care
About the weather.
Set your hope in June
May be, summer booms
May be then, the sun shines bright
You feel warm and all is right.

Flug in den Süden

Die Gänse sammeln sich am See
Hundert sind es bald
Lange vor dem ersten Schnee
Noch bevor es kalt
Auf Kommando steigen sie auf
Zum Übungsflug
Fein geordnet, nicht zu Hauf
Proben sie den Zug.
Die Leitgans vorn
Die anderen folgen ihr
Der Herbstwind beendet
Ihr Bleiben hier.
Sie schreien hinunter
„Steigt zu uns auf!"
Mitunter
Hören die Zurückbleiber drauf

GEBORGEN

DIE TEMPERATUR GEFALLEN
AUF GERADE NOCH 3 GRAD.
BÄUME WEISS ÜBERZOGEN,
ABSÄTZE KNALLEN.
MIT DEM RAD
IN GROSSEM BOGEN
DIE KURVE GENOMMEN,
FAST VOM WEG ABGEKOMMEN!

DER HERBST EINDEUTIG VORBEI,
WINTER SAGT „HALLO!"
ES SEI
IN JEDEM JAHRE SO.
MAG MICH NICHT DRAN GEWÖHNEN,
SEHN MICH NACH SONNENSCHEIN.
DARF GAR NICHT STÖHNEN,
DER SOMMER WAR FEIN!

NUN GEHT DAS JAHR ZU ENDE,
BRINGT DIE KALTE WENDE,
DAS LEBEN VERLAGERT SICH INS HAUS.
MACH DAS BESTE DRAUS.
ZÜNDE KERZEN AN,
UND DANN UND WANN
SCHAU ICH HINAUS UND SPÜRE HIN,
WIE GEBORGEN ICH HIER BIN.

HERBST UND MEHR

NEBEL AM MORGEN

FEUCHT IST ES UND KALT

MACHE MIR SORGEN

DENN BALD

WIRD DER ERSTE FROST

DEN BODEN GEFRIEREN

BLEIBT NUR EIN TROST:

EISBLUMEN ZIEREN

FENSTERSCHEIBEN.

KINDER HAUCHEN GEGEN GLAS

DÜRFEN DRINNEN BLEIBEN

WISSEN, DASS

EISBLUMEN AUF DIESE WEISE

SCHNELL VERGEHEN

GANZ STILL UND LEISE

NICHT MEHR ZU SEHEN.

EIN JAHR GEHT ZU ENDE

DU HÄLTST ES NICHT AUF

ES KOMMT DIE UND DARAUF

EIN NEUES JAHR

ALLES VON VORN

UND FÜRWAHR

WIE NEU GEBOR'N

DER HIMMEL STRAHLT

HERRLICH BLAU

KLIRREND KALT

DOCH SCHAU

EIN JAHR ZUSAMMEN

ZU JEDER JAHRESZEIT

UNSERE HERZEN IN FLAMMEN.

HERBST VOLLER HOFFNUNG

DER NEBEL SCHWINDET
NUR LANGSAM,
WINDET
SICH WIE EIN ARM
UM BUSCH UND BAUM,
UMSCHLINGT AUCH MICH,
VERSPÜR ES KAUM.

WIE EINE KÜHLE HAND
GREIFT FEUCHTIGKEIT NACH MIR.
DIE NEBELWAND
UMHÜLLT MICH SCHIER.
LEGT SICH AUF HAAR UND HAUT
SOGAR AUF MEINE SEELE,
SIE SCHAUT
VERKLÄRT.

GRELLER SOMMER IST GEWICHEN,
LICHTER WERDEN FADE,
FARBEN SIND VERBLICHEN.
SCHADE.
HERBST FÄRBT DIE WELT,
EIN LETZTER VERSUCH,
BALD FÄLLT
DAS LEICHENTUCH

AUCH IN MEINEM LEBEN

IST DER SOMMER DAHIN.
GEMÄSSIGT ALL DAS STREBEN,
ICH SUCHE NUN DEN SINN
IM HERBST:
GENIESSEN UND ERLEBEN,
VERSPÜRE MANCHEN KLEINEN SCHMERZ.
WAS WIRD DIE ZUKUNFT GEBEN?
SCHON WEISS DEIN HAAR,
AUCH DAS MEINE WIRD LANGSAM GRAU.
DEIN SOMMER WAR
BUNT WIE DER MEINE, ABER SCHAU,
DASS WIR GEMEINSAM
HERBST UND WINTER ERLEBEN,
NIEMALS EINSAM
EINANDER LIEBE GEBEN.

DER NEBEL HEBT SICH,
ES WIRD HELLER
LICHT
KOMMT — IMMER SCHNELLER.
DENNOCH, NICHTS HAT EILE,
WIR SIND BEREIT,
NACH EINER KLEINEN WEILE
ZU ZWEIT
UNSEREN WEG ZU GEHEN.
WIE LANG WIRD ER SEIN?

WIE VIEL ZEIT HABEN WIR NOCH?
BANGE FRAGEN.

WERDEN WIR ZUSAMMEN SEIN,

BIS ZUM ENDE DES WINTERS ODER EINER DOCH

DEN REST ALLEINE GEHEN — WER KANN DAS SAGEN?

ICH VERTRAUE AUF DAS GLÜCK,

DAS MIR ZUGEFALLEN IST,

ALS ICH DICH TRAF.

WILL NIE DAHIN ZURÜCK,

WO DU NICHT BIST,

SCHLAF

MIT DEM GEDANKEN EIN,

AM ENDE BEI DIR ZU SEIN.

WIEDER HERBST

EBEN NOCH HEISS,
SOMMER IN VOLLEM GANGE,
NOCH RINNT DER SCHWEISS,
NATUR IM ÜBERSCHWANGE.
UND DOCH SPÜRST DU IHN BALD,
WENN MORGENS DER NEBEL STEIGT,
WENN DIE NÄCHTE KALT,
WENN VOLLER ÄPFEL DER AST SICH NEIGT,
WENN SICH DER HIMMEL ENTZÜNDET,
ER DEN HERBST ANKÜNDET.
EICHELN PRASSELN VON DEN BÄUMEN,
PILZE SCHIESSEN AUS DEM BODEN
ZEIGEN SICH IN DEINEN TRÄUMEN,
LÜFTEST DU DIE SODEN,
FREUST DICH ÜBER JEDEN FUND
MAGST ES NICHT LASSEN
SO SCHÖN UND RUND
KANNST ES KAUM FASSEN,
WIE REICH DIE NATUR DICH BESCHENKT.

HERBSTDEPRESSION

HERBST GERADE NOCH,
DICHTER NEBEL AM MORGEN
HEBT SICH NUR AM TAGE

STECKE IN EINEM TIEFEN STIMMUNGSLOCH
IN MIR NICHTS ALS SORGEN
FRAG MICH, OB ICH WAGE

AN ZUKUNFT ÜBERHAUPT ZU DENKEN
WENN UM FÜNF DER NEBEL SICH SCHON WIEDER SENKT
ALLES WIE DURCH MILCHGLAS

MÖCHTE GERN GESELLSCHAFT SCHENKEN
ABER JEDER DENKT
WIE BLASS

FÜHL MICH LANGSAM SELBST WIE HERBST
MIT SECHZIG NOCH NICHT GANZ
FERTIG MIT DER WELT

VERDERB'S
AUCH DIE LETZTE CHANCE,
DIE NICHT HÄLT,

WAS SIE VERSPRACH
ACH —
WER ZEIGT MIR DIE SONNE?

VOLLER WONNE
WÜRD' ICH AUF DEN NÄCHSTEN TAG MICH FREUEN
UND NICHTS BEREUEN

SO WEIT WEG SCHEINT DAS LICHT
ICH SEHE ES NICHT
DICHTER NEBEL AM ABEND

NICHT ERQUICKEND, NICHT LABEND
MACHT MICH EINSAM
UND ICH KANN

DIE SONNE NICHT MAL AHNEN

EIN WENIG WIE STERBEN

EIN WENIG WIE STERBEN
EIN WENIG VERLUST
HERBST VERBREITET DERBEN
ABBAU UND FRUST
FÜR MANCHE NUR SCHÖN
WOLLEN FARBEN DES LAUBES SEHEN.
ANDEREN FEHLT DAS LICHT,
SEHEN DIE SCHÖNHEITEN NICHT.
FÜHLEN NUR
ALLES WIRD DUNKLER UND KAHL
SPÜREN FRUST PUR
DER NACHGESCHMACK – SCHAL.
WAR DAS JAHR AUCH NOCH SO BUNT,
EREIGNISSE, LEBEN, TOTAL RUND,
HERBST BEDEUTET AUSKLANG
ABGESANG.
EIN KLEINER TOD
AM ENDE
OHNE NOT
VOR DER WENDE

WETTER

Hoch und Tief gestalten
Wetter — Ur-Gewalten,

Nach Hitzewelle überall
Plötzlich dieser Überfall!

Rinnsal wird zum Fluss
Wind zerzaust die Blätter

Blumenkübel rollen
Gartenmöbel tollen

Tropfen dick wie Wasserstrahl
Schaffen Verwirrung überall

Bringt das Unwetter Entspannung?
Kühlt das Klima ab?

Oder ist das Tarnung
Vor der nächsten Hitze
Nur mehr eine Warnung,
Dass man wieder schwitze?
Tanzen im Regen,
singen im Sturm,
Rock im Gewitter
Springen vom Turm.

REGEN IST SCHÖN
STURM IST GEWALT
IM GEWITTER DREH'N
VON SCHÖNSTER GESTALT.

KINDER LASSEN SCHIFFCHEN SCHWIMMEN
WOLLEN KLEINE SEGEL TRIMMEN
NUR DAS SIEL IST DIE GEFAHR.
WEG DAS SCHIFFCHEN, SCHNELLER ALS MAN'S SAH.

JAHRESZEITEN

JAHRESZEITEN
FRAGEN NICHT
SIE VERBREITEN
NUR IHR LICHT
FRAGEN NIE
OB ES DIR PASST
LIEBST DU SIE
ODER AUCH HASST
IST IHNEN GLEICH
BIST NICHT WICHTIG
BRAUN ODER BLEICH
ALLES SO NICHTIG

Reisen im Winter

Eine Reise machen
Neues erfahren
Lachen
Neugierde bewahren
Museen besuchen
Kultur erkunden
Bildung mehren
Manche Runden
wiederkehren
Wichtiger noch
Den Ort erspüren
Schauen hinter fremde Türen
Erleben, wie es dort ist
Wo du gerade bist.

Wann ist Zeit
Sich zu entfalten?
Bist du soweit
Gehörst du zu den Alten
Als Kind
Musst du lernen
Man verlangt von dir
Fleiss und Leistung
Jetzt und hier
Du schaust zu den Sternen
Denkst an den Mond
Ob da oben

WOHL EINER WOHNT?
WIE BEZAUBERND IST DER WINTER
MALT FORMEN UND RANKEN
DRAPIERT GLEICH DAHINTER
KALT, OHNE SCHRANKEN,
KRISTALLE AUS EIS.
OBWOHL DU DAS WEISST,
STAUNST DU NICHT SCHLECHT,
ÜBER SOVIEL NATÜRLICHE KUNST,
DRUM IST ES DIR RECHT,
WENN SONNE SCHAFFT DUNST.

NOVEMBER

MORGENS NEBEL, KRIECHENDE, FEUCHTE KÄLTE
DAS AUFSTEHEN FÄLLT MIR SCHWER.
WENN ICH DEN ENTSCHLUSS NUN FÄLLTE
IM BETT ZU BLEIBEN, UM NOCH MEHR
ZEIT IN WARMEN FEDERN ZU VERBRINGEN?
KUSCHELN IN WEICHEN KISSEN,
ICH MUSS NICHT LANGE RINGEN.
WER KANN WISSEN,
WIE DAS AUSGEHT?
WER KANN SAGEN,
WANN SIE AUFSTEHT?
ICH SOLLTE MICH FRAGEN,
OB MEINE LEUTE HEUTE
AUF MICH VERZICHTEN WOLLEN.
OB ES SIE FREUTE,
ODER OB SIE GROLLEN.
ZUM MITTAG WIRD ES AUCH NICHT HELLER,
DIE SONNE SCHAFFT ES NICHT,
DASS SIE DURCH DIE WOLKEN BRICHT
UND DER TAG VERGEHT NOCH SCHNELLER.
DER HIMMEL HÄNGT BLEISCHWER
ÜBER KAHLEN BÄUMEN.
LASS MICH TRÄUMEN
WIE ES WÄR',
WENN DIE WOLKENDECKE
SICH PLÖTZLICH AUFTÄTE
UND AUS EINEM EINZGEN ZWECKE

EIN WENIG BLAU SÄHTE.

NUR UM MICH ZU ERFREUEN,

UM MIR MUT ZU MACHEN,

WIE EIN KIND ZU LACHEN

UND NICHT ZU SCHEUEN

VOLLER HOFFNUNG

IN DIE ZUKUNFT ZU SEHEN

AUF EINEN SPRUNG

NACH DRAUSSEN ZU GEHEN.

AUCH DER NOVEMBER KANN SCHÖN SEIN,

WENN DER WIND MIT TOTEN BLÄTTERN SPIELT.

BUNTE KLECKSE SUPER FEIN

WIE VON MALERHAND GEZIELT

AUF WEGEN UND STRASSEN

AUSGELASSEN

ÜBER DIE MASSEN

UND KAUM ZU FASSEN.

SCHON FRÜH SCHWINDET

DAS LETZTE LICHT.

WER FINDET

BEI DIESER SICHT

SICH SELBST NOCH WICHTIG?

WER KANN SICH ERTRAGEN IN DIESER ZEIT,

DUNKLE GEDANKEN FÜR NICHTIG

ERKLÄREN UND DENNOCH BEREIT,

SICH DIESER STIMMUNG

HINZUGEBEN?

PUSCHEN

GELB SIND SIE, UND ROT UND BRAUN
WUNDERSCHÖN, SIE ANZUSCHAUN,
WIE SIE RIESELN, TAUMELN, TOBEN
MANCHE BAUMELN LÄNGER OBEN,
AM FUSS DES BAUMES DRÄNGELN SICH
ZUSAMMEN KUSCHELN, WOLLEN NICHT
VOM WINDE VERJAGT, VERLASSEN DAS LICHT.

KINDERFÜSSE RISCHELN UND RASCHELN,
DASS ES STAUBT,
WIRBELN BLÄTTER AUF.

ANDERE SAMMELN EICHELN,
MACHEN KLEINE MÄNNCHEN DRAUS,
MARSCHIEREN TAPFER DURCH DEN HERBST
ODER GEHEN JETZT NICHT RAUS.
GEHN, BEVOR DER WINTER KOMMT,
ALLES LANGSAM, GAR NICHTS PROMPT.

JAHRESENDE KOMMT MIT MUSSE
PUSCHEN, STRICKSTRUMPF, GLÜHWEIN.
HEB DAS GLAS ZUM GRUSSE
WIRD BALD WIEDER FRÜHLING SEIN.

2. Advent

Es stürmt und regnet,
wer sich begegnet,
lugt hervor unter dem Kapuzenrand,
die Brille voller Tropfen.
Zusammengeschnürt das Band,
was für ein Wetter!

Endlich zu Hause!
Die nassen Sachen ausgezogen,
die Schuhe haben Pause.
Angezündet die Kerzen,
Licht für Licht,
von ganzem Herzen
dicht an dicht.

Ein heisser Tee,
mit braunem Zucker gesüsst,
ich seh
dich an,
hab dich geküsst,
um dann und wann
mir klar zu machen,
du bist mein Heim,
möchte nicht woanders sein.

Das Haus erstrahlt
im Lichterglanz.

S'IST NICHT GEPRAHLT,
DASS NUR UND GANZ
DU ES BIST,
DER WICHTIG IST.
ANGEKOMMEN,
ANGENOMMEN.
ICH UND DU.

ALLES — ODER NIKOLAUS?

WARTEN WIR AUF DEN NIKOLAUS?
DAS GLÜCKS-KONTO ÜBERZOGEN?
IST DAS HIER KEIN BRAVES HAUS,
UND DER KERL UNS NICHT GEWOGEN?

LASS UNS TROTZDEM DIESEN TAG GESTALTEN,
LACHEN, SCHERZEN, KIEBIG SEIN.
WÄHREND ANDERE BEHALTEN,
DIE IDEE VOM GLÜCKLICHSEIN.

ZUERST DEN KALENDER GEPLÜNDERT,
NEUGIERIG, WAS HEUT DARIN.
EINE KERZE ANGEZÜNDET
IN DER RICHTIGEN STIMMUNG BIN
ICH SOGLEICH.

DENK ICH AN DICH,
HAB ICH SCHON VIEL.
DIESES GESCHENK FÜR MICH
IST LEICHTES SPIEL.

MEHR BRAUCHT ES NICHT,
ALS DIE GEWISSHEIT,
AUS MEINER SICHT
BIST DU NICHT WEIT.

SOLL DOCH DER NIKOLAUS

IN ANDERE HÄUSER TRABEN.

WIR KOMMEN PRÄCHTIG OHNE AUS

UND MACHEN UNS DA GAR NIX DRAUS!

AUF ALLE SEINE GABEN

VERZICHTEN WIR SOGLEICH,

DAS EINZIG WICHTIGE FÜR UNS,

AN LIEBE SIND WIR REICH.

Ein Tag vor Heilig Abend

13 Uhr. Der Job ist aus.
Der Sekt ist getrunken,
alle eilen nach Haus.
Aus dem Auto noch gewunken,
in Gedanken schon im Supermarkt.
Was muss ich noch alles bedenken?
Wo wird hier geparkt?
Muss ich der Nachbarin was schenken?
Hier ist was frei,
die Taschen in den Einkaufswagen gepackt,
bin schon dabei,
die Zutaten eingesackt
für den Heilig-Abend-Braten.
Suppe und Dessert, was nehmen wir?
Muss mich mit meinem Mann beraten.
Was rätst du mir?
An der Fleischtheke eine lange Schlange,
klar, um diese Zeit.
Schweisstropfen auf meiner Wange,
machen sich bereit.
Nachdem abgearbeitet die Einkaufsliste,
pack alles in den Kofferraum.
Viel zu klein ist diese Kiste
so wenig Platz — man glaubt es kaum.
Bei Aldi noch gekauft den Wein,
zum Fest muss es ein Guter sein.
Auf dem Heimweg wird beraten,

NICHTS VERGESSEN,

WO IST DER BRATEN?

ES KLINGT FAST SCHON VERMESSEN,

ER IST SEIT TAGEN IN DER TRUHE,

BLEIBT DORT FRISCH

BIS ER IN ALLER RUHE

KOMMT HEILIGABEND AUF DEN TISCH.

DIE LEBENSMITTEL AUSGEPACKT,

RAUS AUS DEN ARBEITSSACHEN.

GLEICH NOCH GESCHENKE EINGEPACKT,

FERIEN!

WEIHNACHTEN KANN KOMMEN.

SCHON WIEDER WEIHNACHTEN!

EINES MORGENS WACHST DU AUF,
SCHRECKST ZUSAMMEN IN DEM WISSEN
DASS SCHON WIEDER WEIHNACHTEN.
NIMMST VERSPÄTUNGEN IN KAUF,
LEGST ZURÜCK DICH AUF DEIN KISSEN,
BEGINNST, DEN UMSTAND ZU BETRACHTEN.

DIE CHRISTLICHE BEDEUTUNG IST DAHIN.
UM GESCHÄFTE GEHT ES UND UMS SCHENKEN.
DU FRAGST DICH WOHIN
DEINE LIEBEN SICH DIESES MAL VERRENKEN.
AN DEN BESCHLUSS, KEINE GABEN,
HÄLT SICH NIEMAND.
ALLE HABEN
IRGENDWELCHEN TAND.

FÜR DIE OMA EINEN SCHAL,
DER DRITTE JETZT,
DIE FARBE IST EGAL,
NIMM ROSA, DENN DAS FETZT!
FÜR PAPA EINE FLASCHE,
HOCHPROZENTIG MUSS SIE SEIN.
DIE MUTTI KRIEGT NE TASCHE,
DA PASST VIELES REIN.
JEDER ZERBRICHT SICH DEN KOPF,
WAS MAG DER ANDERE, WAS HAT ER NOCH NICHT?
DAS MEISTE ÜBERFLÜSSIG WIE EIN KROPF.

AUS MANCHER SICHT,

GÄB'S BESSERES ZU SCHENKEN,

ALS SICH FÜR PRÄSENTE ZU VERRENKEN.

VOR ALLEM DIE ÄLTEREN GENIESSEN,

WENN SIE DANN UND WANN

DIE KINDER FRÜHER SEHEN

ALS BEIM BEGIESSEN

IHRES GRABES MIT DER KANN.

ÜBERLEGE DIR GENAU,

WAS DU ZU GEBEN BEREIT,

BIST DU SCHLAU,

SCHENKST DU ZEIT.

Zum Nikolaus

Heute sind es 1395 Tage!
Bin noch immer hoch entzückt
und frage,
„Ist das nicht verrückt?"
Bist ein Geschenk für mich,
unglaublich passend,
was schon an sich,
nur schwer zu fassen.
Mit Königin Drosselbart,
der kein Mann gefiel,
hattest du mit deiner Art,
ganz leichtes Spiel.
Wohl nicht geschickt vom Nikolaus
und doch sieht es mir ganz so aus,
als wärst du ein Geschenk des Himmels!

NO STRESS!

WEIHNACHTSFEST,
WEIHNACHTSSTRESS?
ES LIEGT AN DIR
OB JETZT UND HIER
DU ES WAGST
EIGENE IDEEN VON WEIHNACHTEN ZU LEBEN
ODER ABER VERZAGST,
UM ALLES ZU GEBEN,
DICH IN SCHLANGEN EINREIST,
IM VERKEHR ENTGLEIST.

NIMM DIR ZEIT,
BEVOR FAMILIE ANRÜCKT,
BIS ES SOWEIT,
IN STILLE DIE STUNDEN ÜBERBRÜCK'.
GENIESS DIE RUHE VOR DEM STURM,
ENTSPANNE DICH JETZT.
WENN DIE UHR SCHLÄGT VOM TURM
BIST DU NICHT ABGEHETZT.
ÖFFNEST STRAHLEND DEINEN GÄSTEN DIE TÜR.
FREUST DICH ÜBER GEBÜHR.

IM KREISE DEINER LIEBEN
VERBRINGE DIE WEIHNACHTS-STUNDEN.
DIE, DIE IN DER FERNE BLIEBEN,
HABEN DEINE POST GEFUNDEN,
DEINE E-MAILS GELESEN,

SIND IN GEDANKEN BEI DIR GEWESEN.
FREU DICH UND GENIESSE, DIE DICH LIEBEN,
GESPRÄCHE UND NÄHE, DIE DIR GEBLIEBEN.
WEIHNACHTSFEST,
GEHT OHNE STRESS.

ÜBERRASCHUNG!

JAHR UM JAHR
UND DOCH
KOMMT ER UNVERMUTET.
ES IST DIR KLAR,
DENKST NOCH
WER SICH SPUTET,
DER ERINNERT SICH,
EIN GESCHENK MUSS IN DEN SCHUH.
ABER WENN'S DANN SOWEIT IST,
KLINGT WIE AUS HEITEREM HIMMEL
IN DEINEM KOPF NE BIMMEL:
DER 6.! ACH DU MIST!
SCHON WIEDER NIK'LAUS IST!

NOCH DREI WOCHEN

NOCH DREI WOCHEN BIS WEIHNACHTEN..
FÜR DIE KINDER STEIGT DIE SPANNUNG
MANCHE FRAUCHEN SCHMACHTEN,
FREUEN SICH AUF DEN WEIHNACHTSTRUNK.
WAS WIRD DER ALTE MANN WOHL BRINGEN?
APFEL, NUSS UND MANDELKERN,
WEIHNACHTSLIEDCHEN SINGEN,
DAS TUN FRAU'N UND KINDER GERN.
HOFFEN BEIDE AUF GESCHENKE,
DIE EINEN GOLD, DIE ANDEREN LENKE
DER JÜNGSTE AUF DEN RECHTEN WEG.

BIS WEIHNACHTEN DREI WOCHEN NOCH,
DIE KINDER ZÄHLN DIE TAGE
DIE WEIHNACHTSMAUS SCHAUT AUS DEM LOCH,
WIRFT WÜNSCHE IN DIE WAAGE.
EIN NEUES I-PAD BITTE SCHÖN,
EIN STÜCK KÄSE ODER WURST.
DAS ERGEBNIS KANN MAN SEH'N.
VATER STIRBT VOR DURST.
ER KANN GANZ GELASSEN SEIN,
ABGEKLÄRT UND SO ERWACHSEN.
DIE ÜBERRASCHUNG, DIE IST SEIN,
DIE KINDER MACHEN FAXEN.

OSTERSPAZIERGANG

GLITZERND FLIESST DER STROM
DIE SONNE STRAHLT AUS KLAREM BLAU
LEICHTER WIND WEHT UM DEN DOM
OSTERWETTER, GROSSE SCHAU.

MENSCHENSTRÖME WÄLZEN BUNT
SICH AM UFER HEUT ENTLANG.
AM STRANDE TOBT EIN HUND
DAS STÖCKCHEN FLIEGT — FANG!

ALLE TREIBT ES IN DIE SONNE.
WUNDERBAR, WELCH EIN GENUSS!
VOLLER WONNE
DRÄNGT ES JEDEN, WEIL ER MUSS.

OSTERSPAZIERGANG,
AUF FRÜHLING HOFFEN.
ENDLICH EIN ANFANG
DIE HERZEN OFFEN..

Oktober-Gaudi

Um diese Zeit ist eines klar:
Fragt dich einer, wie es war,
nicht der Wald, nicht die Heid,
nein, das schönste dieser Welt,
in München im Oktoberzelt.
Was ne Gaudi,
holaho und hollahi
keiner nüchtern, alle blau
sternhagelvoll und schau
da tanzt ein Dirndl auf dem Tisch
ihr zu Füssen liegt ein Fisch
auf Leberkas mit Kren
hat man sowas schon gesehn?
Mei, ist das lustig hier im Zelt
Mit Leuten aus der ganzen Welt
Alle tragen Tracht,
weil man das halt so macht.
Und wenn dich einer fragt, wie's war
Sagst du ganz einfach „Wunderbar!"

WAS BRINGT DAS NEUE JAHR?

DAS JAHR GEHT ZU ENDE.

WAS WIRD DAS NEUE BRINGEN?

VIELLEICHT DIE WENDE

HIN ZU GANZ ANDEREN DINGEN?

WAS KÖNNTE BESSER SEIN?

WONACH SEHNST DU DICH?

NACH SCHÖNEM SCHEIN

ODER REALITÄT AN SICH?

ENTSCHEIDUNG FORDERT DEIN LEBEN,

MUSST DICH ÜBERWINDEN,

DICH AUF NEUE WEGE BEGEBEN.

DEN ABSPRUNG FINDEN.

TRAU DICH, PACK ES AN!

DU BIST NICHT ALLEIN.

DANN UND WANN

GEDENKE MEIN.

BRICH AUF IN DEN REST DEINES LEBENS

STARTE DEINE ZUKUNFT,

AKTIV UND VOLL DES GEBENS,

BEGLEITET VON VERNUNFT.

NICHTS BLEIBT WIE ES IST.

GEHT ES DIR GUT,

SEI GLÜCKLICH, WIE DU BIST,

UND VOLLER LEBENSMUT.

...UND SONST ERST RECHT!

DIE WESPE

FÜR EIN GARTENFEST,

IST ES DAS ALLERBEST,

WENN GEGEN NASSEN SEGEN

UND MATSCH AUF ALLEN WEGEN

DU VORBEREITET BIST,

AUF DAS, WAS IST.

WUNDERSCHÖNE SOMMERKLEIDER

WERDEN NASS DANN — LEIDER!

EINE DICKE WATTEJACKE,

IST DOCH KACKE,

WENN DIE SONNE BRÜLLT

UND 29° ERFÜLLT.

VORBEREITET ALLERBEST

VERSPRICHT DAS FEST ERFOLG.

NIEMAND HÄLT AM SCHIRM SICH FEST,

DOCH MANCHER WIRD VERFOLGT

VON GESTREIFTEN STECHERINNEN.

LÄSTIG, HEKTISCH, FERNGESTEUERT

AUSSEN WIE AUCH INNEN.

LÄSTIG IST BESONDERS EINE

GRENZEN KENNT SIE NICHT.

IST SO EINE GANZ GEMEINE

FLIEGT DIR MITTEN INS GESICHT.

DEN KUCHEN TEILEN WIR MIT IHR,

UNGERN AUCH DAS BIER.

DAS INSEKT

MUSS WEG.

HAT ES DICH DANN DOCH GESTOCHEN,

BEVOR DU REAGIERT,

IST ES SCHNELL HINWEG GEKROCHEN,

BEVOR ES AUSRADIERT.

PITSCH. PATSCH,

FLIEGENKLATSCH.

BIS HIERHER UND NICHT WEITER!

IMMER NUR SCHÖN FRÖHLICH BLEIBEN,

GUT GELAUNT UND HEITER.

GOLF

Sommer auf Green Eagle

Kaum zu glauben,
wie Sommer-Düfte Sinne rauben.
Wiesen und Rapsfelder blühen
Wolkengebirge ziehen
Es duftet der Holunder
Zarte Blüten, fast ein Wunder.
Noch hängt Nebel über dem Rough,
einfach zauberhaft!
Märchenstimmung macht sich breit,
der Tag zeigt sich bereit.
Tierkinder flaumweich und wollig
folgen den Eltern, so drollig!
Kitz und Ricke kreuzen das Grün,
wundersam, das anzusehen,
Schwanenvater erhebt sein Gefieder
Macht ohne Furcht den Eindringling nieder
Nutria-Kinder schleichen über den Rasen,
gleich daneben grasen Hasen.
Golfbälle ploppen aufs Grün
Sogar Rote, kann man sehn.
Morgens früh um sechs Uhr
Findest du hier Ruhe pur.
Es ist die Sonnenwende.
Drum keine Zeit verschwende,
sei dir bewusst,
dass du die Stund nun nutzen musst.

OH!

WIEDER SO EIN TAG,

DEN KEINER MAG.

NICHTS GELINGT,

DER BALL VERSPRINGT,

GETOPPT,

GEFLOPPT,

AUF UND DAVON

REIN INS HOHE ROUGH,

WIE BLANKER HOHN,

MEIN SCHLAG ZU SCHLAFF.

WÜTEND GLOTZ ICH HINTERHER,

DA HILFT JETZT GAR NICHTS MEHR!

SECHS STRICHE AUF 9 LOCH,

DA SAG MIR EINER NOCH,

DASS JEDEM DAS PASSIERT!

ICH TU MIR DAS FREIWILLIG AN,

DOCH KÖNNT ICH IN DEN SCHLÄGER BEISSEN,

DIE SCOREKARTE IN STÜCKE REISSEN!

IRGENDWANN DA KILLT MICH DAS,

IN DEN AUGEN BLANKER HASS,

DABEI WÄR DEMUT ANGESAGT,

UND BESSER NUR DAS SPIEL VERTAGT.

Das erste Mal — 12.7.2012

Das erste Mal
auf einem Golfplatz!
Keine Qual,
Spass hat's!
18 Löcher in vier Stunden,
66 par,
die eigene Grenze gefunden
ganz klar!

Beim ersten Mal schon Par gespielt!
Geschaut, gezielt,
ein weiter Abschlag.
Diesen Tag
wirst du nicht vergessen.
Wirst dich das nächste Mal dran messen.
Wie wird der nächste Platz wohl sein?
Acker, Wüste oder fein?

Vielleicht auf einem Gut?
Auf einem Schloss sogar?
Nun hast du den Mut,
fürwahr,
überall abzuschlagen.
Kannst es nun wagen,
dich Golfer zu nennen,
musst bekennen,
dass das doch was hat.

GOLF (15.10.2011)

MIT GROSSER LUST
DEN BALL ABGESCHLAGEN.

DANN DIESER FRUST!

KANN ES NICHT GLAUBEN,

DASS ER HINTER MICH SPRINGT.

SOLL ICH'S NOCH EINMAL WAGEN?

DAS TEE GESETZT,

EIN SCHREI DRINGT ÜBERS GRÜN,

ICH BIN ENTSETZT

„FORE!" – ZIEHT DIE KÖPFE EIN

DER BALL KOMMT QUER,

ES KÖNNT' GLEICH SCHMERZHAFT SEIN!

ICH BEDAURE SEHR,

ABER ICH TREFF' HEUTE NICHT,

KOMM NICHT UNTER DEN BALL,

DABEI SOLLT' ER AUS MEINER SICHT

MIT GEHÖRIGEM DRALL,

MINDESTENS 200 METER FLIEGEN.

ICH ZIELE AUFS GRÜN,

MEIN ABSCHLAG GELINGT,

— HAB ICH GEDACHT!

DER BALL VERSPRINGT.

WER HAT DA GELACHT?

ER LANDET ZU FRÜH!

GERADE MAL 20 LÄPPISCHE METER

HAT ER DIESMAL GEBRACHT.

ICH LERNE DAS NIE!

STUNDEN SPÄTER

HAB AUCH ICH DRÜBER GELACHT.

HÖR ICH LIEBER AUF,

ÜBE ICH WEITER?

BIN ICH NUR SCHLECHT DRAUF

ODER ERKLIMM ICH DIE LEITER?

ICH WERDE ES LERNEN,

DARAN GLAUBE ICH FEST.

ES STEHT IN DEN STERNEN

I WILL BE THE BEST!

DEIN ABSCHLAG GELINGT,

AN DIE 200 METER!

ICH FREU MICH FÜR DICH.

WIR TREFFEN UNS SPÄTER

AM GRÜN.

DEIN BALL LIEGT IM ROUGH,

DU CHIPPS IHN

UND FLUCHST!

VIEL ZU WEIT

UND DU SUCHST

ZWISCHEN DEN BÄUMEN!

ICH PUTTE INZWISCHEN UND LOCHE EIN.

WILL NICHT VERSÄUMEN,

WENN DEIN

DRITTER VERSUCH

ENDLICH AN DER FAHNE ENDET.

ES STEHT SCHON IM BUCH,

DASS DAS BLATT SICH WENDET.

AM ENDE

HAB ICH NUR EINEN SCHLAG MEHR.

EHRLICH –

DAS FREUT MICH SEHR!

*

Golfplatz — Balsam für die Seele

Du hetzt aus dem Büro
Schnell noch 9 Löcher spielen!
Stau auf der Autobahn und so
fährst du im Schwarm mit vielen.
Hektik macht breit und Ungeduld
Wer ist schuld?
Abfahrt Winsen Ost erreicht!
Das ging ja doch ganz leicht!

Fertig! — Auf zu Abschlag 1.
Ja, das ist deins!

18 Uhr —
Ruhe pur
Eine ganz besondere Stille
Legt sich über Rough und Grün.
Hinter den Tannen zwei Rehe stehen.
Auf seine ganz besondere Weise
zieht ein Milan hier seine Kreise.
Ein Ball platscht in den Teich,
das Nutria geht in Deckung gleich
Ein „Pling" von einem fernen Abschlag her
Sonst hörst du gar nichts mehr.
Langsam senkt sich Feuchtigkeit
Abendstimmung macht sich breit.
Du kannst die Stille förmlich hören,

SONNE FÄRBT DEN HIMMEL ROT.
NICHTS KANN DICH MEHR STÖREN
DU SPÜRST ES: ALLES KOMMT INS LOT.

KULTURELLER NIEDERGANG (25.11.12)

WOCHENENDE, MAN HAT FÜR VIELES ZEIT,
ZUM GOLF EIN LETZTES MAL,
TROTZ DICKEN NEBELS BIST DU BEREIT,
WATEST DURCH DEN MATSCH INS TAL.
DEN BALL SIEHST DU NACH DEM ABSCHLAG NICHT,
STOCHERST DURCH DIE WEISSE SUPPE
BIS DIE SPANNUNG BRICHT,
DENN IM GEBÜSCH SUCHT SCHON NE ANDRE TRUPPE.

ES GAB SCHON GRÖSSEREN SPASS,
SCHON MEHR ERFOLGSGEFÜHL.
DRUM LASSEN WIR DAS,
VERTAGEN DAS SPIEL.
AUF DEN FRÜHLING,
WENN DAS WETTER WIEDER OFFEN
DAS IST UNSER DING,
DAS LÄSST UNS HOFFEN.

AUCH DER BESUCH DER ZAUBERFLÖTE
VERSPRACH MEHR ALS ER HIELT.
EIN UNERTRÄGLICHES GETRÖTE,
WER HÄTT GEGLAUBT DASS MAN SO SPIELT?
DILLETANTENSTADL IM OPERNHAUS,
SCHÜLERTHEATER VON FORMAT,
OH WELCH EIN GRAUS,
MAN SCHON BESSERES GESEHEN HAT.

ZUR PAUSE VERLASSEN WIR DEN ORT,
WENIGSTENS NE BRATWURST WÄR JETZT SCHÖN.
JEDOCH IST AUF DEM KIEZ SOFORT
DER NÄCHSTE FRUST ZU SEHN.
KEIN PARKPLATZ,
KEINE EINZIGE KLEINE LÜCKE,
ALLES FÜR DIE KATZ,
HIER, MANN, WELCH EINE TÜCKE.

SONNTAGABEND DER TATORT,
THIEL UND BÖRNE, IMMER WUNDERBAR,
DIESES MAL IN EINEM FORT,
SONDERBAR.
WENIG KOMISCH, GAR NICHT TOLL,
WAS HAT MAN SICH GEDACHT?
WAR DER DREHBUCHAUTOR VOLL,
HAT ER SELBST GELACHT?

DER KULTURELLE NIEDERGANG
DAS GANZE WOCHENENDE,

DRUM FANG
BEHENDE
DIE NÄCHSTE WOCHE AN.
ES KANN NUR BESSER WERDEN,
WÄRE DOCH GELACHT,
UND BITTE DIESMAL NULL BESCHWERDEN!

LEBEN AM GOLFPLATZ

NOCH WABERN NEBEL ÜBER DEM ROUGH,
NOCH GRASEN KARNICKEL UND REH,
REIHER STEHEN IM SCHLAF
AUF EINEM BEIN IM SEE.

NUR LANGSAM HEBT SICH DIE FEUCHTIGKEIT,
WOLKEN UND SONNE WECHSELN SICH AB.
AUFBRUCHSTIMMUNG MACHT SICH BREIT.

VERSCHWUNDEN REH UND REIHER,
ER BLEIBT ALLEIN,
DER WUNDERSAME WEIHER.

NUR DIE KRÖTEN LASSEN SICH NICHT STÖREN,
QUAKEN OHNE UNTERLASS,
WOLLEN DIE WEIBCHEN BETÖREN,
IHRE LAUTSTÄRKE IST KRASS.

AB UND AN EIN GOLFBALL WIRD VERSENKT,
PLITSCH! PLATSCH!– TAUCHT ER UNTER.
FÜR FROSCHKÖNIG EIN GESCHENK,
SINKT AUF DEN BODEN RUNTER.

DEM FROSCH IST EGAL, WELCHE SORTE,
ER KENNT GESCHENKE SOLCHER ART
AN DIESEM WUNDERSAMEN ORTE.
DER TAG GERÄT IN FAHRT.

REIHER UND FUCHS KEHREN ZURÜCK,
WENN DER ABEND NAHT.
FÜR DEN FROSCH NICHT UNBEDINGT EIN GLÜCK.

Buchveröffentlichungen

2005 "Schulkleidung ist nicht Schuluniform"

2008 „Survival für Lehrer" (ISBN 978-3525611036) 2010 „Survival für Referendare" (ISBN 978- 3525611050)

2013 „Schwarzer Adler über mir" (ISBN 978-3-8442-4855-5)

2015 „Leben in Versen" (ISBN 978-3-7375-2106-2)

2016 „Survival für Eltern (ISBN 978-3525-61112-8)

2016 „Golf-Spazierengehen auf Rasen" (ISBN 9783741238710)

2016 „Ein Kreuz mit Kugelschreiber" (ISBN 9783743102248) Neuauflage von „Schwarzer Adler"

2017 „So geht das" – ein Lernbuch für 11-12jährige (9783743191280)

2017 Leben in Versen 2017

2018 Herbst

2018 Mit Mutter stirbt die Dauerwelle

2018 Leben in Versen, Neuauflage

2018 Mama, du nervst!

2018 Shari

2019 Ich seh den Himmel

2019 Tassen gehören flach gelegt

2019 Influenzerin